SABINA SCHWEINBERGER-KRÖLL
Nichts als lose Blätter

Sabina Schweinberger-Kröll

Nichts als lose Blätter

Erinnerungen

Die Bibliografische Information der Deutschen Bibliothek
Die Deutsche Bibliothek verzeichnet diese Publikation in der Deutschen Nationalbibliografie; detaillierte bibliografische Daten sind im Internet über www.d-nb.de abrufbar.
Lektorat: Andrea Stangl, Paderborn | andrea.stangl@paderborn.com
Einbandabbildung: © Liesl Lanik
Herstellung und Verlag: BoD - Books on Demand, Norderstedt
© 2016 Alle Rechte bei der Autorin

ISBN 978-3-7412-7479-4

Meinen Kindern und Enkelkindern,
meinen Geschwistern
und all jenen, die am Leben vorbeieilen.

Nichts als lose Blätter

Dicht beschrieben häufen sie sich in der Schublade meines Schrankes, fast kommen sie mir vor wie das abgefallene Laub unterm Apfelbaum im Garten. Der Baum hat sich für den Winterschlaf gerüstet, und das prächtige Kleid, das ihn im Frühjahr und im Sommer in allen Grünschattierungen zierte, das im Herbst mit gelben und roten Farben spielte, hat er jetzt, spät im Jahr, einfach abgeworfen. Die Früchte sind längst verzehrt, den Rest haben im Spätsommer andere Inwohner gegessen. Das abgeworfene Blattwerk wird bald auf dem Komposthaufen auf einen neuen Frühling warten, um als wertvoller Humus wieder in die Erde zu fallen.

Meine beschriebenen Seiten werden sicherlich ein ähnliches Schicksal haben: Sie werden, gebündelt oder verstreut unter anderen Papierwaren, mit all meinen Gedanken auf einer Deponie ihrer Verwertung harren. Meine festgehaltenen Gedanken sind auf den Blättern, vielleicht sind sie belanglos für euch und manches auch nicht sehr gescheit – aus einer anderen Zeit halt. Doch ehe sie sich im Winde verlieren, will ich alles in ein Heft schreiben, sodass sie wenigstens gemeinsam ihre Einäscherung erwarten. Das macht mich nicht traurig, nein – nur vielleicht ein klein wenig erfahrener.

Kalender

Ob ich endlich begonnen hätte, alles aufzuschreiben und in einen Zusammenhang zu bringen, was auf den vielen abgerissenen Kalenderblättern steht?, fragen mich die Kinder.

Ja, ich habe es versucht, und ich komme damit nicht weiter. Du musst wissen, die ersten beschriebenen Blätter stammen aus einem Schulheft und wurden nach dem ersten Schuljahr 1939 bekritzelt – die Jahre danach sind noch einige andere Heftchen mit Erinnerungen dazugekommen. Die abgerissenen Kalenderblätter stammen aus dem Jahr 1956, da hat die Zettelwirtschaft mit meiner selbstständigen Tätigkeit, somit auch die Buchführung, begonnen. Weil so ein Stehkalender, griffbereit auf einem Regal, mit einem an einer Schnur hängenden Bleistift daneben, praktisch und für alles, was nicht vergessen werden darf, gut zum Aufschreiben ist – manchmal ist da auch der Vermerk am Abend, ob der Tag einer Erinnerung wert ist oder nicht.

Wichtige Termine und geschäftliche Dinge, möglicherweise auch ein paar buchhalterische Schlampigkeiten veranlassten mich dazu, diese Kalender zum jeweiligen Jahresabschluss meiner Buchführung beizulegen. Nach zehn Jahren selbstständiger Arbeitszeit blieb meine gesamte Rechenschaft den Behörden gegenüber noch einmal zehn Jahre fein säuberlich in Kartons verpackt im Abstellraum liegen, bis der Platz endlich für anderes Aufzubewahrendes freigemacht werden konnte.

Hätte mir jemand den Rat gegeben, nicht alles einzeln durchzublättern, hätte ich viel Zeit gespart, aber auch eine ganze Menge übersehen. Kalenderseiten begannen zu erzählen, dabei wurden Erinnerungen Gegenwart, eine vergangene Zeit noch einmal durchlebt. Bilder von Räumlichkeiten, von Menschen, die Begleiter waren, und solchen, die einem aus anderen Gründen in Erinnerung bleiben – Jahreszeiten und eine wunderbare Landschaft ziehen vor den inneren Augen wie ein Film vorüber. Gute und weniger gute Tage werden noch einmal gegenwärtig. Ich brachte es nicht übers Herz, alles im Ofen zu verbrennen, also sind die Notizen, von den Kalendern abgerissen, in eine Schublade, dann in einen großen Schuhkarton gewandert, samt ein paar anderen vollgeschriebenen Heftchen aus der Schulzeit und vielen Briefen.

Der Schuhkarton mit diesen Erinnerungen steht in meinem Kleiderschrank ganz hinten links unten, mit dem besten Vorsatz, alles einmal zu ordnen und in Zusammenhang zu bringen. Er hat mich oft ermahnt: »Tue etwas!« Dass dafür Zeit notwendig ist, versteht sich von selbst. Immer gab es Wichtigeres. Inzwischen bin ich den Achtzigern weit näher als den Siebzigern. Die Zeit rinnt durch meine Finger. Der klägliche Versuch, Ordnung zu schaffen, scheitert immer wieder. Ich dachte schon ans Aufgeben und ganz schnell alles im Ofen zu verheizen.

Eines Tages setze ich mich doch an die Zettelwirtschaft, da kommen meine Kinder zu Besuch und überraschen mich bei der verrückten Arbeit, Zeit mit Datum und Geschriebenem in Einklang zu bringen.

Meine Tochter macht einen Blick in mein Schreibheft.

»Mutti, das wird schwierig.«

Ich weiß es – vor allem im Garten muss noch einiges winterfest gemacht werden, ehe es kalt wird und der erste Schnee zudeckt, was nicht säuberlich aufgeräumt ist. Die Gräber auf dem Friedhof müssen für Allerheiligen vorbereitet werden. Für die Wintergäste im Garten ist das Vogelhäuschen aufzustellen, ein Platz für den Laubhaufen beim Kompostsilo ist zu richten, damit der Igel, der jedes Jahr so fleißig die Engerlinge aus dem Rasen holt, sein Winterquartier findet.

Die Regentonnen und der Wasserschlauch in den Keller, bevor der Frost kommt. Es gibt genug zu tun. Dabei geht mir die Gartenarbeit, die ich ja liebend gerne mache, so gar nicht mehr von der Hand. Für alles brauche ich viel mehr Zeit als noch vor einigen Jahren.

»Das ist doch ganz normal, Mutti, du bist ja noch ganz rüstig für dein Alter«, höre ich die Meinen öfters sagen. Ich bin nicht undankbar, aber die Zeit wird mir trotzdem zu kurz. Punkt!

Computer

Nach etwa drei Wochen kommen die beiden aus Südtirol wieder einmal zu uns. Dieses Mal bringen sie einen Computer mit, ein ziemlich betagtes Modell. Ich soll mich mit diesem Monstrum ein wenig anfreunden. Das sei im Grunde ja nur eine Schreibmaschine – ein wenig Übung und ich könne damit umgehen.

Der Bildschirm beansprucht den halben Schreibtisch, und die Zeit zerrinnt wie Schneeflocken auf einer warmen Hand, wenn ich mich damit beschäftige. Nach einigen Tagen Denksport bin ich endlich so weit, ein paar Sätze auf den Bildschirm zu zaubern; der erste Versuch, einen Absatz zu machen, zaubert das Ganze wieder weg. Was Hänschen nicht lernt ...

Johanna meint: »Gib bitte nicht auf, Mutti, das klappt sicher!« In zwei Monaten bekomme ich ein besseres Gerät, sie tauschen ihren Computer, weil für die Stickerei Programm-Änderungen gemacht werden. Sie liefern mir ausführliche Erklärungen, die ich trotzdem nicht verstehe.

Aber irgendwann kapiere ich das für meine Arbeit notwendige System schließlich – die Ordnung in der Schuhschachtel ist auch hergestellt, und meine Gehirnzellen haben eine sinnvolle Aufgabe bekommen.

Das soll ja Vergesslichkeit und Alterserscheinungen hintanhalten. Also beginne ich mit einem Blick zurück in die Kinderzeit, zum Anfang der gebliebenen Erinnerungen.

Kindheits-Missgeschicke

Ein Ereignis, eigentlich war es ja ein Unglück, das mir im wahrsten Sinne des Wortes Schmerzen bereitet hat, ist mir fest in Erinnerung geblieben. Nicht nur ich, sondern alle haben darunter gelitten.

Es war ein schöner Tag. Die Sonne heizte vom Himmel herunter, und die Großmutter wollte im Küchengarten Kräuter pflücken und ich sollte ihr helfen. Die Kamillen blühten und dufteten, der Wermut, der Eibisch und die Minzen waren schon in den Leinensäcken auf dem Dachboden, der Kümmel hing, in ganzen Stauden in ein schleißiges (vom vielen Waschen fadenscheinig gewordenes) Leinentischtuch gebunden, auch dort. Daneben befand sich ein großes Wespennest. Den Wespen beim Ankommen und Wegfliegen zuzusehen war abenteuerliche Neugierde und Ängstlichkeit zugleich. Seit dem Mittagessen war ich bei der Großmutter im Garten und half ihr, Kamille zu pflücken. Auf meine Frage, warum wir alle Pflanzen heute pflücken müssten, erwiderte sie, ich solle in den Himmel hinaufschauen. »Da schwimmen die Fischlein und das bedeutet Föhn, da kann das Wetter ganz schnell umschlagen, wenn der Tauernwind auslässt. Das wäre doch schade um den guten Tee.« Föhnwolken sind mit ein wenig Fantasie Fischlein am blauen Himmel.

Ich hatte inzwischen einen Marienkäfer entdeckt und ließ ihn über meinen Handrücken laufen. Warum der kleine rote Käfer schwarze Punkte hatte, konnte sie mir auch nicht erklären.

Die Großmutter sagte, das seien Himmelskühe, und ich dürfe den Käfern und überhaupt den Tieren, die im Garten und auf der Wiese herumkriechen, hüpfen und fliegen, ja nichts zuleide tun! Wir bräuchten sie alle.

Ob wir wohl auch die Spinnen und den Mistkäfer brauchen?, hätte ich gerne gewusst. »Ja, ganz gewiss«, war die Antwort, »der liebe Gott hat allen Tieren und Pflanzen und auch uns Menschen das Seine zugeteilt.« Sie zog ein großes rotes Taschentuch aus ihrem Kittelsack und wischte sich den Schweiß von der Stirn.

Da bekam ich Durst.

Liebevoll, aber bestimmt sagte sie: »Beim Brunnen drunten ist ein Haferl, geh und trink.«

Nach nicht allzu langer Zeit war ich müde und Hunger bekam ich auch.

»Ach, Mädchen!« Ich glaubte, auch so was wie einen Seufzer zu hören. »Geh hinauf in den Krautgarten und suche dir eine schöne Rübe.«

Das ließ mich die Hitze und die Kamillen rasch vergessen. Der Krautgarten war ja auch ein paradiesischer Platz. Was es da alles gab: ein langes Beet mit großen, runden Krautköpfen, von denen wir, Markus, die Tante und ich, alle paar Tage die Krautwürmer abklauben mussten, in einen Eimer tun und in den Wald hinaustragen, für die jungen Vögel, damit diese kräftig würden für den langen Flug über die Tauern in das Winterquartier. Der Ronach (rote Rübe) war schon groß, und die Blätter glänzten. Ein Beet schwarzer Rettich und ein Fleckerl Mohn für den Scheiterhaufen (ein süßes Gericht) gab es ebenfalls, genauso wie zwei oder mehr Beete Runkelrüben für die Schweine, dann kam der »Rübenfleck«, gleich daneben standen die Bohnen (Saubohnen). Diese und das Beet mit den Früh-Erdäpfeln lieferten uns um diese Zeit reichlich Nahrung zum Abendessen.

Ich untersuchte das Rübenbeet gründlich, bis ich die größte fand. So eine frisch aus der Erde gezogene weiße Rübe war etwas ganz Gutes. Das Exemplar schleppte ich zur Großmutter.

»Jetzt wundert es mich nicht mehr, dass du so lange weg gewesen bist. So eine große Rübe findet man nicht so schnell.« Sie nahm die Frucht ganz eng am Strunk und drehte die Blätter ab, dann wusch sie sie im Traufenwasser, das in einem Bottich aufgefangen wurde. Aus den unergründlichen Tiefen ihres Kittelsackes holte sie einen Veitl – ein Taschenmesser, das noch in der Steiermark in Handarbeit hergestellt wird. Dieser Veitl hatte Tradition, er war billig und erfüllte seinen Zweck, sogar Veitl-Clubs gab es – und schälte die Rübe so, dass sie aussah wie eine riesige Margerite, nur mit einem schneeweißen Kopf. Sie schnitt mir ein Stück von dieser Rübe ab.

Ehe sie sich versah, weinte ich lauthals: »Ich will die ganze, ich will die ganze!«

Vermutlich wurde es ihr zu viel, sie drückte mir das Stück von der Rübe in die Hand und sagte recht nachdrücklich: »Auf dem Balkon, wo deine Puppe schläft, ist jetzt Schatten, geh zu ihr, sie braucht dich auch.«

Dieser Ton duldete keinen Widerspruch, also ging ich auf den Balkon. Die Puppe lag in ihrem Bettchen und hatte die Augen zu, also schlief sie.

Oberhalb vom Haus, bei den zwei großen Kirschbäumen, mähte Markus Gras für die Heimkuh. Die Kuh nannte man so, weil das Tier alleine daheim im Stall war und die Familie mit ihrer Milch versorgte. Die anderen Rinder und Schafe waren alle auf der Alm.

Flugs hatte ich Großmutters Anordnung vergessen. Ich lief zu Markus hinauf, nahm den kleinen Rechen neben dem Korb und rief: »Ich reche das Gras zusammen!«

Und schon passierte es: Ich lief einfach in die Sense. Wie es genau geschah, wusste ich nicht, und Markus wusste es auch nicht. Blut floss aus meinem linken Bein oberhalb vom Knöchel. »Moid, Moid!«, schrie Markus ganz laut.

Ich erinnere mich nur noch an einen großen Mann mit einer weißen Schürze und an ganz helle Lampen.

Meine Mama, ihre älteste Schwester namens Moid, der taubstumme Knecht Mathias und Markus – ein etwas geistig behindertes Annehm-Kind, damals 13 Jahre alt –, sie alle brachten an diesem Tag Heu ein. Als sie fast fertig waren, schickten sie Markus einen Korb voll Gras mähen und diesen für die Heimkuh in den Stall bringen. Wie sich das Weitere an diesem verhängnisvollen Sommertag abspielte, erzählten mir später meine Mama, meine Großmutter und die Tante.

Mama trug mich in das Haus, legte mich in der Stube auf die Bank, lagerte das Bein ganz hoch und band es mit einem breiten Stück Stoff unterhalb vom Knie ab, sodass die Blutung ein wenig nachließ.

Die Tante lief nach Neukirchen, um den Doktor zu holen. Damals gab es nur einen Karrenweg zu uns auf den Berg. Es gab keine andere Möglichkeit, in das Tal, in den Ort oder von da zu uns heraufzukommen, als zu Fuß oder zu Pferd. Die Gehzeit beträgt – immer noch – eine Stunde!

Mama schickte Markus nach Rechtegg, um »die Göden und den Göden« zu holen. Das waren meine Taufpaten. Der Göden war Mamas Bruder.

In der Kammer schob sie ein Bett in die Mitte, legte Leintücher bereit und richtete alle Petroleumlampen, die im Hause waren.

Es ging schon gegen Abend zu, als der Doktor und die Tante zu Fuß auf Moosen ankamen.

Die Großmutter hatte heißes Wasser bereitet und betete ganz verzweifelt.

Da nie etwas stehen blieb und alles weiterging, vollendeten Markus und Mathias (»der Hiasl« genannt) die Arbeit für diesen Tag alleine. Wie Markus zumute sein musste, kann sich wohl keiner vorstellen. Die Kuh bekam trotzdem ihr Futter und wurde gemolken, die Hühner und Schweine versorgt.

Der Doktor nähte mein Bein, das oberhalb vom Knöchel bis auf den Knochen durchgeschnitten war, zusammen, alle Sehnen und Blutgefäße, so wie sie zusammengehören. Er vollbrachte ein wahres Kunststück unter so erschwerten Umständen, es gab keine Narkose und nur Petroleumlicht, der Operationstisch war ein Bett mit Strohsack und einem Leinentuch darüber.

Der Doktor meinte: »Wenn das Kind nicht die hohen Rindslederschuhe fest gebunden getragen hätte, wäre wohl auch der Knochen arg beschädigt gewesen. Da wüsste ich nicht, was ich getan hätte ...« Diesem Doktor Fuchs verdanke ich, dass mein Bein ganz heil wurde und außer einer langen Narbe nichts zurückblieb. Dr. Fuchs war damals ein junger Gemeindearzt.

Selbst nach dem fünften Monat wollte die Wunde auf der Innenseite des Beines einfach nicht heilen, ganz dick und blau wurde es, und immer wieder kam Eiter heraus. Alle waren verzweifelt.

Mama fragte die Mitterhaus Theres, eine Tante und Salbenmacherin und überhaupt eine kräuterkundige Frau, um Rat. Diese meinte, da sei halt noch ein Faden drin.

Der Doktor stimmte dieser Diagnose zu und bat die Theres: »Probiere es mit deiner Salbe!« Drei Tage blieb die Theres bei uns und wechselte am Tag alle Stunde das Pflaster. Das Bein wurde ganz dünn, wie ausgeronnen.

Der Verdruss von Mama, Großmutter und Tante wurde immer größer.

›Wenn nur das Bein nicht abgenommen werden muss!‹, war die größte Sorge. Am dritten Tag kam aus der Wunde etwas Helles heraus, das sich nicht wegwischen ließ. Die Theres probierte mit den Fingern, daran zu ziehen. Ich sehe das heute noch vor mir, auf dem Küchentisch sitzend. Das ging so nicht. Kurzerhand holte die Theres ein Zangerl (eine kleine Zange, wie sie Feinmechaniker verwenden) aus der Tasche und zog damit einen Faden mit einem dicken Knopf daran heraus. Es hat höllisch wehgetan.

»Das war es«, erklärte sie, »weswegen so ein Kind zu guter Letzt noch um sein Füßl (Bein) gebracht worden wäre.« Nach einem guten halben Jahr kam der Doktor dann wegen mir und diesem Malheur das letzte Mal auf den Hof.

Ich saß auf Mamas Schoß, während ihr der Arzt Ratschläge zur Weiterbehandlung erteilte, und war sichtlich froh, dass es jetzt aufwärts ging und das Bein wieder ganz gesund werden würde. Im nächsten Jahr begann ja die Schule.

Danach gab er ihr noch einen Umschlag mit den Worten: »Es ist aber nicht eilig«, wünschte allen alles Gute und ging erleichtert zum nächsten Patienten.

Zu dieser Begebenheit sind mir noch zwei Erinnerungen gegenwärtig. Der Gruber Bauer Leonhard (Leal) brachte mir Stöcke, die er aus alten Regenschirmen gemacht hatte, damit mir das »wieder gehen lernen« leichter würde. Anfangs war das recht schmerzhaft und ich wollte deshalb auch nicht mit dem ganzen Fuß auftreten. Großmutter ermahnte mich ständig an das Üben, die Fußspitzen auf und ab zu bewegen, wie der Doktor geraten hatte. Mama hat manchmal auf der gegenüberliegenden Bank neben sich eine kleine Tafel Schokolade hingelegt – die bekäme ich, wenn ich die drei Meter von der Ofenbank zu ihr herüberginge und auch mit der Ferse, nicht nur mit den Zehen, den Boden berührte.

Ein anderes, wenn auch kleineres Malheur ereilte mich im Frühjahr 1938. Markus hatte auf dem kleinen Balkon vor dem Küchenfenster Späne gemacht zum Anheizen im Brotbackofen. Bei den Spanscheiten fanden sich zwei von alten Schuhen abgerissene Gummisohlen mit lauter kleinen Metallstiften. Auf der abgerissenen Seite sahen sie fast aus wie eine grobe Bürste. Markus drehte und wendete die Sohlen lange hin und her – ja, da mache er sich Sandalen draus. Damals war das ein unerfüllbarer Kindertraum. Er holte den Beschlagstock (ein Werkzeug, wie es der Schuhmacher hat) aus der Werkzeugkammer und begann, das Gerät zwischen die Beine geklemmt, auf einem Schemel sitzend die Sohlen zu glätten.

Mit der einen Hand hielt er die Sohle auf dem Eisen-Fuß, mit der anderen einen Hammer und versuchte die Metallstifte glatt zu klopfen. Mit jeder Hand etwas anderes zu bewerkstelligen, dazu den Beschlagstock mit den Beinen zu halten, gelang ihm nicht recht.

Deswegen sollte ich die Gummisohle zwischen dem rechten Daumen und dem Zeigefinger auf dem Beschlagstock halten, und er klopfte die Stifte glatt. Das ging ein paar Schläge gut, dann war meine Fingerspitze mitsamt dem Fingernagel ganz flach, blutete und schmerzte entsetzlich.

Unerreichbare Wünsche machen auch einfache Seelen erfinderisch – wenn dabei etwas schiefging, war es einfach Pech.

Die Aufregung war groß, kurzerhand holte Mama Honig und Verbandszeug, drückte mein Fingerspitzchen in seine Form und bettete es in den Bienenhonig, der auf ein Leinentüchlein geträufelt wurde. Sie machte einen ordentlichen Verband um die kleine Hand, belehrte Markus, dass er vorsichtiger sein müsse, und mich, dass ich aufpassen und nicht solche Dummheiten machen solle.

Bis zum Schulbeginn im Herbst war der Finger längst wieder heil, und es zierte mich ein weiteres Verletzungsmerkmal lebenslänglich – das sieht man besonders gut beim Halten von Bleistift und Griffel, der rechte Zeigefinger und der Fingernagel sind gut sichtbar verunstaltet.

Ob solcherart Unfälle vermeidbar wären, ist fraglich. Gewiss ist: Sie haben auch ihr Gutes – Kinder lernen vorsichtig werden. Die genaue Beschreibung dieser Unfälle deshalb, weil eine ärztliche Behandlung oder Wundversorgung heute so nicht mehr vorstellbar wäre.

Schulzeit und Schulwege

1938 begann meine Schulzeit, das Hitlerregime hielt Einzug.

Inzwischen sind viele Jahre vergangen und dennoch verblassen diese Erinnerungen nicht. Die »schreckliche Behandlung der Juden und die grausamen Morde«, von denen manchmal unter den Erwachsenen die Rede war, und von den Umständen, die dazu geführt haben, dass Hitler mit offenen Armen empfangen wurde: Das ist eine lange Geschichte …

Am Schulanfang, nach unseren ersten Sommerferien, wurden die Kreuze aus den Klassenzimmern entfernt und auf den gleichen Nagel das Bild des Führers gehängt.

Mein Schulbeginn kam gerade recht, um alle Veränderungen in der kleinen Dorfschule, weitab vom großen Geschehen, mitzuerleben, bis zum Kriegsende 1945. Die meisten Kinder waren Bergbauernkinder und hatten einen Schulweg von einer halben bis zu zwei Stunden.

Ich brauchte eine Stunde für meinen Schulweg, im Winter wesentlich länger, ein Karrenweg, der zu drei Viertel der Strecke durch einen ziemlich steilen Wald führte und nur, wenn Holz transportiert wurde, offen war. Das Wort »geräumt« im Zusammenhang mit Schneeräumung war uns damals noch kein Begriff. Die meisten Kinder gingen gerne in die Schule, ob die Sonne schien, ob es regnete, schneite oder gar stürmte; in die Schule zu gehen, war eine Pflicht ohne Ausnahme. Wenn es kalt war, freuten wir uns auf den warmen Ofen, den die Frau Oberlehrer schon um 6 Uhr geheizt hatte. Bei gutem Wetter tummelten wir uns gerne auf dem Platz vor der Schule, der zum Turnen und zum Spielen in den Pausen für alle Kinder der zweiklassigen Volksschule – in jeder Klasse zwei Schulstufen – zur Verfügung stand. In den zwei Klassen wurden vier Jahrgänge, also in jeder Klasse zwei Schulstufen, unterrichtet, eine dritte Schulklasse war im alten Messner-Haus untergebracht. Diese Schulklasse reichte für die letzten vier Schulstufen, es sind ja immer einige »sitzen geblieben«. Die zwei Bankreihen mit vier oder fünf Bänken reichten da, in jeder Bank gab es drei Sitze, drei Tintenfässchen und drei Ablagerillen für Feder und Bleistift, unterm Tisch eine Ablage für Schulhefte. Stehen konnte man nicht richtig, weil Bank und Sitz zu eng miteinander verbunden waren.

Am Ende des ersten Schuljahres musste der Herr Oberlehrer (heute wohl Direktor) mit seiner Frau wegziehen – warum, wusste niemand von uns Kindern. Ein Fräulein Lehrer und das Handarbeitsfräulein durften bleiben. Lehrer kamen und mussten wieder gehen, besonders bei männlichen Lehrern war ein ständiger Wechsel. Sie wurden eingezogen zum Kriegs- oder Arbeitsdienst. Im vierten Schuljahr bekamen wir eine ganz junge Lehrerin, gerade erst mit ihrer eigenen Ausbildung fertig, sie blieb dann bis zu unserer Entlassung. Wir verehrten sie, versuchten, »ordentlich« zu sein, und taten alles möglichst so, damit sie zufrieden mit uns war. Die drei Lausbuben in der Klasse waren Bergbauernbuben, bisher immer in der letzten Bankreihe auf die »Eselsbank« verbannt wegen schlechten Betragens und unruhigen Verhaltens bei den Stillarbeiten, während die Lehrerin die zweite Stufe unterrichtete. Das Schönschreiben, Zeichnen und die Hausaufgaben waren für sie überflüssig, für Letzteres hatten sie auch gar keine Zeit. Daheim wartete die Arbeit auf dem Hof und im Stall, auch wenn sie noch Kinder waren; die Mitarbeit war einfach notwendig, denn der Krieg hatte zu viele Männer gebraucht.

Dieses neue Fräulein Lehrer nahm gleich am Anfang eine krasse Änderung vor. Die drei Lausbuben mussten nach vorne in die erste Bankreihe, getrennt. Dem Fräulein entging dadurch auch nicht die geringste Schlampigkeit, und Fehler, die sie machten, schon gar nicht. Einer tat sich wirklich schwer, mit dem blieb sie nach dem Unterricht in der Klasse und machte mit ihm die Hausaufgaben. Dank dieser Hilfe erreichte der Bub einen guten Schulabschluss und einiges in seinem Leben.

Im Unterricht wurde uns auch über das Kriegsgeschehen erzählt, über den erfolgreichen Polenfeldzug und die folgenden Siege (nach jedem Sieg wurden die Kirchenglocken geläutet) – dass sie immer schwerer erkämpft wurden, natürlich nicht. An des »Führers« Macht und Stärke gab es keinen Zweifel. Zweifeln wäre Verrat gewesen, wenn auch im vierten Kriegsjahr auf einem Bergbauernhof in unserer Gemeinde der dritte Gefallene zu beklagen war, zwei Söhne und der Schwiegersohn. Der harte Kern glaubte an einen »Sieg über alles«.

Im Frühjahr '44 gingen wir in der Turnstunde in das Wäldchen oberhalb der Schule, um Brombeeren, Himbeeren und Heidelbeerblätter zu sammeln. Daraus sollte Tee für die verwundeten Soldaten in den Lazaretten bereitet werden. In der Handarbeitsstunde lernten wir das Stricken, Socken und Fäustlinge aus gesponnener Schafwolle, die die Bauernkinder von zu Hause mitbringen konnten. Wenn die Stricksachen gut und brauchbar waren, wurden sie eingesammelt und vor Weihnachten an eine Sammelstelle (Winterhilfe) geschickt. »Ein Weihnachtsgeschenk für die Soldaten an der Front«, das hat uns auch die Mühsal des Strickens vergessen lassen. Am Samstag mussten die »BDM«-Mädchen (Bund Deutscher

Mädchen) und die Hitlerjungen »zum Dienst« gehen: Sport bei gutem Wetter, bei schlechtem Wetter Hitlerjugend-Lieder singen. Wir hatten uns zum vereinbarten Zeitpunkt vor dem Messner-Haus einzufinden.

Bei schlechtem Wetter, im »Klassen-Dienst«, wenn Hans und Erna – unsere Jugend-Führer, sie waren etwa sechzehn und siebzehn Jahre alt – fanden, wir könnten nicht richtig singen, mussten wir schon öfter mit zum »Hitlergruß« erhobener Hand bis zu zwei Stunden singen, Lieder wie »Die Fahne hoch« usw. – stehend natürlich! Auch das Verhalten bei »Fliegeralarm« lernten wir. Sobald die Sirene heulte, hieß es, rasch die Sachen zusammenzupacken, am Zaun entlang schnell in das nahe Wäldchen zu laufen und dort ruhig zu verharren, bis die Entwarnung kam. Wie leicht es war, mit den Parteiabzeichen Macht zu bekommen und auszuüben, wurden wir gewahr – und es blieb uns auch im Gedächtnis. Wie schnell Menschen, die eher machtlos waren und den Brotgebern verpflichtet, dazu bereit sind, Macht auszuüben, wurde uns allen erst im Erwachsenenalter richtig bewusst.

Gelernt haben wir trotz aller widrigen Umstände so viel, dass wir uns eine Zukunft aufbauen konnten. Vorteile des Unterrichts waren sicher die, dass wir alles schreiben mussten, Buchstaben schön auf der Zeile, Sätze bilden. Laut lesen und richtig betonen, lange Gedichte fehlerfrei aufsagen. Die Zahlen ordentlich in die Kästchen eintragen, Rechnungen in Reih und Glied schreiben. (Das nur im Gegensatz zu heute, wo nur noch Fragebögen ausgefüllt werden und Rechnungen digital gelöst, sicher mit viel größeren Anforderungen als damals.)

Die Schule begann um 8 Uhr. Nach einer Mittagsstunde, in der wir beim Bäcker die mitgebrachte, warm gemachte Milch und einen »Hitler« dazu (ein lebkuchenähnliches Gebäck in einer besonderen Form) verspeist hatten, ging der Unterricht bis 15 oder 16 Uhr weiter. Im Spätherbst dunkelte es schon, wenn wir daheim ankamen.

An einen Samstag im Frühsommer 1942 war die Heuernte voll im Gange. Tage zuvor war das Wetter schlecht gewesen, also musste man zusehen, dass die Ernte eingebracht wurde. Jede Hand wurde gebraucht.

Vater erklärte mir, ich könne heute nicht zum »Dienst« gehen, ich würde zum Heueinfahren dringend gebraucht.

In der nächsten Woche teilte mir die Lehrerin mit, ich müsse für mein Fernbleiben vom »Dienst« eine Entschuldigung mitbringen.

Meine Eltern schrieben die Entschuldigung, getrauten sich aber nicht, die Wahrheit, dass ich bei der Heuernte gebraucht wurde, zu schreiben. Meine Eltern schrieben, mein Fuß, den ich mir bei dem Unfall mit der Sense verletzt hatte, habe so geschmerzt, dass ich den Weg kein zweites Mal machen konnte.

Die HJ-Führerin, ein Mädchen aus dem Dorf, verlangte für diesen Grund ein ärztliches Zeugnis: Wenn das bis zum nächsten »Dienst« nicht mitgebracht werden würde, würde sie dafür sorgen, dass Vater einrücken müsste, statt im Hinterland zu tachinieren – was so viel heißt wie »sich's zu Hause gut gehen lassen«.

Der Arzt im Dorf war in Vaters Alter und genauso voller Hoffnung auf das neue Regime wie Hunderttausende, und genauso enttäuscht. Die Sache wurde geregelt: Ich hatte am nächsten Samstag das Zeugnis.

HJ und Schulwege

Auf unserem Bauernhof waren meist zehn bis zwölf Personen zu versorgen. Mein Ziehvater – in weiterer Folge einfach »Vater«, der er auch für mich wurde –, Großmutter, Großtante Kathi, Tante Moid, mein Stiefbruder Fritz – der ledige Sohn meines Ziehvaters –, der Markus, ich, kleinere Kinder und manchmal auch Tagelöhnerinnen. (Mama hat erst sechs Jahre nach meiner Geburt geheiratet.) Für die anfallenden Arbeiten gab es immer zu wenig kräftige Hände. Alle Arbeiten im Haus, auf dem Feld und im Wald wurden gänzlich ohne technische Hilfe verrichtet. Als Zugtier hatten wir eine Kuh, falls sich das jemand, der es nicht erlebt hat, überhaupt vorstellen kann. Zwei-, dreimal im Jahr musste mit der Kuh, die vor einen Karren gespannt wurde, in das Dorf gefahren werden. Einen Sack weißes Mehl, einen Sack Viehsalz, ein paar Kilo Zucker und einen Kanister Petroleum für die Lampen und die Stall-Laternen galt es zu besorgen.

Manchmal musste auch ein beschädigtes Werkzeug zum Schmied oder Wagner gebracht oder von dort abgeholt werden. Öfter war die Fahrt in das Dorf nicht nötig. Die Bauern waren Selbstversorger und hatten nur für das Nötigste Geld. Zündhölzer, Germ, Kindergrieß und zu Weihnachten ein paar Kilo Zibeben, getrocknete Weinbeeren zum Backen für das Weihnachtsbrot, wurden meist am Sonntag nach der Kirche gekauft. Die Läden hatten natürlich offen. Das nur zu den damaligen Konsumgewohnheiten und dem Geldmangel, den hauptsächlichen Folgen aus der Weltwirtschaftskrise und der folgenden Arbeitslosigkeit.

Vater hatte damals große Hoffnungen auf den »Führer« gesetzt, dass sich die Lebensumstände nun bald bessern würden. »Arbeit und Brot« hatte er allen versprochen. Vater befürwortete ohne zu zögern diese Partei. Er wusste, wie es war, keine Arbeit zu haben und somit auch das Nötigste zum Leben nicht. Die Bauern erhielten auch bald ein wenig Hilfe: Hilfsmittel wie eine Seilwinde, einen Eisenpflug, eine Gliederegge, eine Gülleanlage wurden subventioniert; so waren diese Anschaffungen eine große leistbare Arbeitserleichterung. Neuigkeiten erfuhren wir aus einer Wochenzeitung.

Der Nachbar besaß schon ein Radio, als Parteimitglied und Orts-Bauernführer stand es ihm zu und bekam es zu einem erschwinglichen Preis.

1941 spitzte sich die Lage im Kriegsgeschehen zu, meine Eltern hörten beim Nachbar, der bereits am Regime zu zweifeln begann, so oft es ging den »Schwarzsender«.

Rundum auf den Höfen mussten die Männer in den Krieg ziehen, die Nachrichten von gefallenen Soldaten mehrten sich. Vater war aufgrund seines Alters und der Lebensumstände vom Krieg »zurückgestellt«.

Eine Erinnerung: Es muss wohl im Herbst '39 gewesen sein, die Äpfel waren reif, und es war ein sonniger Tag. Uns war trotzdem kalt, weil wir eine Stunde in der Kirche im Religionsunterricht gesessen hatten. Aus den Klassenzimmern waren ja die Kreuze entfernt worden, und auf demselben Nagel hing ein Bild des »Führers«. Vom Religionsunterricht konnte jeder, der wollte, befreit werden. Es gab nur zwei Schüler, die nicht kamen, weil der Unterricht in die Kirche verlegt worden war.

Das »Grüßen« war auch noch eine Sache, die unser Denken in Zwiespalt brachte. »Grüß Gott, Herr oder Frau Lehrer« und ein Morgengebet in der Klasse vor Schulbeginn waren am Anfang des ersten Schuljahres selbstverständlich – das glaubten wir bis zu diesem Zeitpunkt. Wir bekamen die strikte Anweisung von der Frau Oberlehrer, ab sofort jeden Menschen mit »Heil Hitler« und dem Zeichen der zum Gruß erhobenen Hand zu grüßen. Wenn nicht die angedrohte Strafe gewesen wäre, hätten wir sicher darüber gelacht.

Arg in die Klemme brachte mich dieser Schultag, an dem ich nach dem Religionsunterricht auf dem Heimweg beim Bäcker etwas abholen musste. Das war ein kleiner Umweg und der führte beim Anwesen Oberfeld vorbei. Im Garten wurden die Äpfel geerntet, und die Frau O. war auf dem Balkon ihres Hauses beim Äpfelsortieren. Ich zermarterte mir den Kopf. Was sollte ich jetzt sagen: »Heil Hitler!« oder »Grüß Gott«? Ich hatte doch immer »Grüß Gott« gesagt, ich kannte die Frau O. ja, weil sie ab und zu auf einen kurzen Besuch auf den Hof kam, also sagte ich eben »Grüß Gott«. Das war ein Fehler, die Frau O. belehrte mich: »Jetzt sagt man ›Heil Hitler‹!« Sie wolle nie mehr einen anderen Gruß hören. Betreten stand ich da. Zu meiner Überraschung warf sie mir einen Apfel zu, den ich postwendend zurückwarf, bevor ich davonlief.

Natürlich erzählte ich das zu Hause, und da kam die nächste Belehrung: »Kind, wir müssen, wir dürfen nicht mehr …« Verstanden, warum das jetzt so war, habe ich es gar nicht. Aber folgsam sein und tun, was einem gesagt wurde, konnten wir immer schon.

Unser Schulweg vom Wald in Richtung Rechtegg und somit zu den Bauernhöfen Moosen und Baxrein führte das längste Stück durch den Plenkwald. Der Weg war im Sommer mit einem Pferdekarren befahrbar, im Winter nur mit dem Schlitten, meistens nur zur Holzbringung. Außer den Vögeln, ab und zu einem Reh, Pilzen und Beeren gab es für uns wenig Interessantes zu sehen. Auf den Bauernhöfen, die weiter unten verstreut lagen, wohnten überall Schulkinder in meinem Alter. Wir waren vier bis fünf Kinder, die zur gleichen Zeit die Schule verließen. Ein Stück Weges gingen wir gemeinsam, bis der erste Hof erreicht war und wir uns trennen mussten. Da gab es dann die »Umwege«: »Begleitest du mich heim? Ich begleite dich dann zum unteren Feld. Dort sind viele Haselnuss-Sträucher, und die Nüsse werden sicher bald reif.« Trotz des strengen Auftrags, nach der Schule gleich nach Hause zu gehen, wurde es manchmal ein langer Weg.

An so einem Tag, ein paar Wochen nach Schulanfang im Jahr 1944, hatte ich wieder einmal mit den Nachbarkindern diesen Umweg gemacht. Als wir dann an den Feldrain zu den Haseln kamen, hörten wir oberhalb der Böschung, von einem kleinen Abhang, lautes Geschrei. Wir schlichen uns so nahe wie möglich zu den Haseln am Zaun und hörten eine Menge böser Worte; den Zusammenhang, worum es ging, verstanden wir nicht recht. Dann sahen wir zwischen den Stauden den Herrn Jägerlesen und einen Gendarmen, der uns ebenfalls bekannt war, weil er durch die Kontrollgänge auch bei den Höfen vorbeikam. Herr Jägerlesen schrie mit ganz rotem Kopf und einer glänzenden Glatze: »Erlen und rote Haare wachsen auf einem schlechten Grund!«, so laut, dass wir es verstehen konnten.

Der Gendarm schrie eine schreckliche Drohung zurück von »KZ!« und »vergasen!«, dann lief jeder in eine andere Richtung.

Daheim klärte mich Vater auf, was diese Worte zu bedeuten hatten.

Es war eine karge Zeit, die Rationen auf den Lebensmittelkarten wurden knapp zugeteilt, und so gingen viele Leute zu den Bauern, um im Schleichhandel etwas Essbares zu ergattern. Die Gendarmen waren beauftragt, dieses »Unrecht« zu unterbinden – und eben dieser Gendarm hatte rote Haare!

Frau Lenz

Frau Lenz war die Schwester der »Gräfin« von der Recke. Der Graf von der Recke hatte ganz nahe an der Ortsgrenze der Gemeinde ein Jagdhaus, das hauptsächlich zur Jagdzeit im Sommer und im Herbst benutzt wurde. Während des Krieges wurde es zum ständigen Wohnsitz, weil die Herrschaften aus ihrer Heimat und ihren Besitzungen in Ostpreußen enteignet und vertrieben wurden. Das Haus besteht immer noch, ohne große Veränderungen, und wird jetzt vom Sohn als Romantik-Hotel geführt. Das »Lenzhaus« existiert auch noch, von außen nahezu unverändert, jetzt im bürgerlichen Besitz, neben dem »gräflichen Jagdanwesen«. Meine Großeltern hatten gute Beziehungen zu den »Gräflichen« aus früheren Zeiten, später auch meine Mutter. Eine kurze Erklärung dazu gibt es an anderer Stelle.

Gegen Ende des Krieges (oder schon früher?) zog Frau Lenz mit ihrer Mutter, der Baronin W., und einem Fräulein in das Haus am Wald. Die Frauen kamen ab und zu auf unseren Bauernhof, da konnten sie doch ganz heimlich etwas Essbares zum Mitnehmen bekommen. Ich musste öfters auf dem Weg zur Schule einen »Umweg« machen: im Blenkwald vom normalen Weg auf einen schmalen Steig ausweichen, an der Seewiese vorbei, über die Klaffauwiese – die angrenzende Wiese zum Lenzhaus. Mit einer Kanne Milch mit einem Stück Butter darin oder einem kleinen Laib Brot, manchmal auch einem Stück Speck oder Fleisch. Ein kleiner Trägerlohn sprang dabei für mich immer heraus.

Frau Lenz war einst eine reiche Frau gewesen. Sie – auch die Gräflichen von der Recke – wurde unter der Naziherrschaft ihrer Besitzungen enteignet und gehörte somit zu den armen Leuten. Sie musste ihre verbliebenen Wertsachen, darunter auch Wäsche und Hausrat, gegen Lebensmittel tauschen, um zu überleben.

Für den Botendienst bekam ich meistens Seidenstrümpfe, die ich mir aus einer großen Papptonne heraussuchen durfte. Sicher hunderte von solchen Strümpfen waren darin, alle nur ein wenig beschädigt. Ich nähte die kleinen Laufmaschen sorgfältig zu und trug, natürlich nur an Feiertagen, die Strümpfe voller Stolz und glaubte wohl, sie seien sehr schön.

Einmal waren die beiden Frauen beim Bügeln, als ich wieder in der Strumpftonne suchen durfte. Dabei unterhielten sich die Damen über die Unbill des Lebens, unter anderem sagte Frau Lenz: »An so etwas hätte ich nie gedacht, dass ich einmal Taschentücher waschen und Strümpfe stopfen muss.« Wie so vieles hat meine damals ja noch kindliche Denkweise den Inhalt dieses Satzes nicht ganz begriffen. Viel später habe ich oft darüber nachgedacht. Nicht nur, weil wir heute Taschentücher erst gar nicht waschen, wir schmeißen sie einfach weg, Papiertaschentücher natürlich – statt Strümpfe tragen wir Frauen auch Hosen, und Seidenstrümpfe sind keine Mangelware mehr.

Sonderbar, dass mir gerade so ungewöhnliche Reden und Aussagen, deren Bedeutung ich gar nicht richtig verstand, im Gedächtnis geblieben sind und manch anderes von dem, was Schulkameradinnen und Freunde erzählen – »Weißt du noch?« – völlig vergessen habe.

Mit der Ankunft meines Stiefvaters in meinem Zuhause und der ersten Schwester begannen die Veränderungen. Der Knecht Mathias ging. Warum? Für mich ein Grund zum Traurigsein, er war ja immer bei uns gewesen. Dann kam Fritz, etwa elf Jahre alt, der älteste Bruder meiner ersten Schwester und den noch kommenden Geschwistern. Fritz war der uneheliche Sohn vom Moosen-Vater, also meinem Stiefvater. Fritz ist auf Rankental aufgewachsen bei seiner Großmutter und einem unverheirateten Onkel. Seine Großmutter war schon nicht mehr jung, auch nicht mehr gesund und sicher froh, dass ihr Enkelbub jetzt ein Zuhause hatte. Ich kann mir dennoch gut vorstellen, dass ihre Sorgen um das Kind ihr im Herzen weh taten, als »ihr Bub« fortging, und dass es ihr schwerfiel, den Fritz gehen zu lassen. Der Bub war sicherlich auch nicht glücklich, das gewohnte Daheim zu verlassen und in ein neues fremdes zu gehen.

Alle ein bis zwei Jahre kam ein neues Geschwisterchen. Nach der zweiten Schwester, die zur Welt kam, merkte ich schon, dass nicht mehr ich, die ich ja mehr als sechs Jahre das einzige Kind auf Moosen gewesen war, das Vorrecht genoss, sondern die Geschwister. Je öfter eines kam, acht an der Zahl, desto weiter rutschte ich nach hinten in der Reihung. Fritz und ich waren sozusagen auf gleicher Ebene.

Meine Großmutter hatte Markus als kleines Kind armer Leute zu sich genommen und bei der Heirat meiner Mama verfügt, dass Markus bis zu seiner Volljährigkeit auf Moosen bleiben durfte. Sie hatte auch dafür gesorgt, dass Markus in die Schule kam. Markus war, wie schon gesagt, ein wenig behindert, er brachte es in der Schule gerade so weit, dass er seinen Namen, sein Geburtsdatum und seine Adresse schreiben konnte. Im Übrigen war er gesund und immer guter Dinge. Er wurde ein ganz stattlicher Mann, und niemand hätte gleich gemerkt, dass er geistig zurückgeblieben war, nur beim Sprechen wurde es dann offensichtlich. Markus war ein paar Jahre älter als Fritz, beide arbeiteten überall im Stall und auf dem Feld mit. Fritz konnte mit Markus gut umgehen, vieles machten sie bald gemeinsam.

In den letzten beiden Schuljahren wurde Fritz sommerbefreit, und so wurde er auch bald eine rechte Hilfe bei der Arbeit auf dem Hof.

Krieg

Durch den Krieg waren auf den Bauernhöfen immer weniger junge Männer, die im Jahreskreis die zeitlich anfallende Arbeit erledigten, es gab ja noch keine Maschinen und keine technischen Hilfsmittel. Die harte Arbeit blieb vielfach den Frauen, auch alles Geschäftliche, das ja auch gemacht werden musste. Von behördlicher Seite wurde ganz genau geschaut, was der jeweilige Hof zum Leben einbrachte. Jedes Jahr im Frühling fand eine Bestandsaufnahme statt: von

Weideflächen, Grasland, Kartoffel- und Getreideäckern, von Rindvieh, Schafen, Ziegen, Schweinen und Hühnern sowie den Bienenstöcken, wenn solche vorhanden waren; nur die Kaninchen wurden nicht registriert. Großmutter versteckte, wenn es irgend möglich war, zwei Hennen im Schlafzimmer, »unter der Duchent« (›Tuchent‹, Bettdecke), hat sie gesagt. Je nach Anzahl der auf dem Hof zu ernährenden Personen wurde der jeweils zu erwartende Überschuss vom Eigenverbrauch eines Erntejahres errechnet. Das war dann die »Liefervorschreibung«. Im Ort gab es eine Sammelstelle, wohin das jeweilige Produkt gebracht werden musste. Die Bezahlung dafür war ordentlich. Nur war es meistens so, je nach Erntejahr, ob es gut oder nicht so gut war, dass wirklich alles, was vom Eigenverbrauch – dieser wurde sparsamst gehandhabt – erübrigt wurde, geliefert werden musste, um das Soll zu erfüllen. Für den unerlaubten Verkauf von Lebensmitteln (»Schleichhandel« nannte man das), der mindestens das Doppelte eingebracht hätte, blieb wenig übrig, und es wurde auch in kurzen Abständen immer schwieriger, denn die Kontrollen waren sehr genau.

Alle, die keine Landwirtschaft hatten, bekamen Lebensmittelmarken. Kleider-Punkte-Karten erhielten auch die Bauern und Bezugscheine für verschiedene Gebrauchsartikel.

Auf dem Lande existierte kaum eine Altersversorgung für Menschen, die ihr ganzes Leben als Knechte und Mägde oder Handwerker gedient hatten. Es waren die Bauern, die je nach Größe ihres Hofes diesen Menschen für eine bestimmte Zeit Unterkunft und Brot geben mussten. »Bettelleute« nannte man sie. Fast jede Woche war jemand zum Übernachten, natürlich auch zum Essen bei uns, meist nur einen Tag. Nur die Uschl blieb drei Tage, sie strickte jeden Tag ein paar Männersocken. Ein wenig grob und unregelmäßig war die Strickarbeit, doch die Uschl war stolz auf ihre Leistung und meinte: »Solang meine Finger mitmachen, braucht ihr mich nicht umsonst zu verköstigen.« Die Großmutter hat die Socken dann den bedürftigsten Bettlern gegeben.

Die Kleiderpunkte-Karten mussten auf dem Gemeindeamt abgeholt werden. Mama hatte viele Stoffpunkte für Kleider, Schürzen, Hemden, Rock- und Hosenstoffe, aber gar nicht das Geld dafür, alles zu kaufen. Es fehlte halt sonst so manches. Zum Beispiel Maggi, Petroleum, Dochte für die Stall-Laternen und Lampen, Zwirn, Strapse für die Strumpfhalter-Leibchen der Mädchen, Hosenknöpfe, Nähnadeln für die Pfaff-Nähmaschine (diese Maschine war sogar versenkbar, Mamas ganzer Stolz) und so manches mehr, was durch die Kriegsereignisse knapp wurde, weil die Erzeugerfirmen wahrscheinlich »Kriegszubehör« herstellen mussten. Mama versuchte, im Tauschhandel gegen Kleiderpunkte derlei Dinge zu bekommen. Einmal schickte mich Mama zum Einkaufen, auf der Gemeinde und auf der Post war auch etwas zu erledigen. Zu den wenigen Dingen, die zu besorgen waren und auf einem Zettel standen, gab sie mir einen Briefumschlag mit Kleiderpunkten darin, den sollte ich der Verkäuferin Elsa geben: »Sie weiß schon, für was, sehen soll das aber niemand.«

Elsa legte mir unbemerkt ein Stangerl mit zehn Stück Maggi-Würfeln in die Einkaufstasche. So ein Würfel Maggi in der Knödelsuppe war halt schon eine Delikatesse. Ich sehe das Pult im »Egger-Geschäft« und die Verkäuferin Elsa dahinter heute noch vor mir.

Der Briefträger brachte dreimal in der Woche die Post und immer wieder Nachrichten von Gefallenen bei uns und in den Nachbargemeinden. Die Tante Moid wischte sich dann Tränen von den Augen, das dritte Kriegsjahr, und schon so viele junge Soldaten waren gefallen. (Der erste Gefallene in unserer Gemeinde war der erste Mann von unserer Cousine Maria, der späteren Frau Eichinger.)

Fritz freute sich auf die Schulentlassung, er war froh, dass er die Schule hinter sich hatte. Mama und Vater schauten besorgt in die Zukunft; wenn der Krieg nicht bald ein Ende fand, musste Fritz in das Wehrertüchtigungslager und gar noch in den Krieg. Die Männer, die man zum Kriegsdienst einzog, wurden immer jünger. Diesbezüglich hatte Markus Glück, dass er geistig zurückgeblieben war, von solchen Leuten machte man kein Aufheben, viele Schwerbehinderte verschwanden einfach.

Mama war, zusätzlich zu der vielen Arbeit, wie man heute sagen würde, als Außendienst-Mitarbeiterin tätig. Sie fuhr mit ihrem kleinen Motorrad, einer 120er Puch-Maschine, in die ihr zugeteilten Gebiete im Pinzgau und in Tirol zu ihren Kunden. Man bedenke, damals waren die meisten Straßen nur Schotterwege. Sie war eine gute Verkäuferin. Die Firma Schnöll, für die Mama arbeitete, handelte mit Maschinen wie Milchzentrifugen, Waschdämpfern, Nähmaschinen und derlei mehr. Auch Uhren, Gold und Silberwaren erweiterten das Sortiment. Die Frau Schnöll war Mamas Schwester, die älteste Tochter aus Großvaters erster Ehe.

Vater wurde aufgrund seines Alters und wegen des Familienstandes auf dem Bergbauernhof nicht zur Wehrmacht eingezogen. Im letzten Kriegsjahr mussten die Männer, die zu Hause und meist schon nahe den Sechzigern waren, eine wöchentliche Nachtübung absolvieren;»der Volkssturm« hieß das Unternehmen. Sie sollten üben, Panzersperren zu errichten und Brücken zu sprengen, damit in allerletzter Minute der Feind aufgehalten werden könnte.

1944 waren wir schon sechs Kinder, Fritz und ich und vier kleine Schwestern. Mama bekam das»Mutterkreuz« verliehen, gefreut hat sie sich darüber nicht.

Wie sie das alles bewerkstelligt hat, ist schwer vorstellbar. Die Schwangerschaften, die Geburten, vor denen sie immer mehr Angst hatte, die Arbeit im Haus und auf dem Hof, zeitweise noch die finanziell notwendige Verkaufstätigkeit. Und wie jede Mutter weiß, kaum eine Nacht zum Durchschlafen. Zum Glück hatten wir Tante Moid, die Großmutter und Großtante Kathi, die alle mithalfen, die Kleinen zu versorgen.

In diesem Herbst musste Fritz in das Wehrertüchtigungslager nach Mondsee.

Vater und alle hatten große Sorgen, die Kriegsereignisse wurden immer schrecklicher und grausamer. Vater hörte zusammen mit dem Nachbar immer öfter einen (oder gab mehrere?) Schwarzsender, wo man erfuhr, wie es wirklich zuging an der Front, in den KZ-Lagern mit den Juden und denen, die zu viel »gesagt« hatten, von den Bombenangriffen, die ganze Städte in Trümmer legten, und der unvorstellbaren Not und dem Elend, das daraus entstand. Das mussten sie ganz heimlich tun, denn es war strengstens untersagt, im Radio derlei inoffizielle Sender zu hören, die nur »Unwahrheiten« verbreiten würden.

Radios hatten eigentlich nur Leute, die dem Regime nahestanden, also eingeschriebene Parteimitglieder waren und eventuell noch eine Funktion hatten; unser Nachbar war eben Ortsbauernführer.

Ab und zu besuchten uns Fronturlauber: der Lechner Sepp, der Hansjörg, der Sollerer Karl, der Rechtegg Peter, der Seerein Sepp, der Baxrein Franzl, alle waren an irgendeiner Front im Kriegseinsatz und berichteten von schrecklichen, aussichtslosen Kämpfen.

Und allen blieb nur die Hoffnung, dass diese furchtbaren Geschehnisse bald ein Ende nehmen würden. Die Männer (Buben), die eingezogen wurden, die 1930 Geborenen mussten noch zur Stellung, sie wurden mit Drohungen gezwungen, als freiwillige SS-Männer zu unterschreiben.

Fritz kam nach sechs Monaten nach dem Wehrertüchtigungslager zurück; jemand hatte den Buben, die vor ihrer

Entlassung noch zur Musterung mussten, gesagt: »Tut, was sie sagen, der Krieg dauert nicht mehr lang!«

Im April, offiziell im Mai, war dann das grausame Morden zu Ende. Damit war aber noch lange nicht alles gut.

Die Soldaten, »die Heimkehrer«, flüchteten vor der Gefangennahme, der am Ende doch viele nicht entkamen, gar viele wurden noch nach Russland oder nach Frankreich verschleppt und es dauerte oft Jahre, bis sie freikamen. Sechs Jahre Kriegsdienst hatten viele, viele durchmachen müssen, aber dann noch jahrelange Gefangenschaft: Das ist unvorstellbar. Der Rechtegg Peter war einer von denen, dem das Leben so arg mitspielte, er war bei den Ersten gewesen, die eingezogen wurden, sechs Jahre Kriegsdienst, am Ende, an der russischen Front, geriet er in Gefangenschaft; erst nach sechs Jahren in Russland (Frondienst-Leistung) kam er heim. Zwölf gestohlene Jugendjahre unter grausamen Bedingungen. Ein Beispiel von tausenden!

Das Ende des Krieges ließ auch uns im hintersten Salzachtal die Schrecken spüren. Die Amerikaner zogen als erste Besatzer durch unser Tal. Unglaubliche Dinge wurden erzählt, die im Dorf passierten, viele mussten aus ihren Wohnungen ausziehen, die Besatzungssoldaten quartierten sich ein, manche persönlichen Schätze wurden mutwillig zerstört. In den Scheunen und Heustadeln lagen Munition und eine Menge Waffen, Fahrzeuge verschiedenster Art blieben liegen. Unsere flüchtenden Soldaten hatten bei ihrem Rückzug das alles dort gelassen, sie mussten einfach ihre Haut retten, um nicht in Gefangenschaft zu kommen. Im letzten Nachschub der Truppen waren zur Versorgung der Soldaten auch noch eine Menge Alkohol und Zigaretten, die durch Leute auf den Höfen aufgefunden und sorgsam vor den »Besatzern« versteckt wurden.

Auf dem ersten gebauten Weg von Neukirchen nach Rechtegg, auf dem man gerade mit einem Pferdefuhrwerk

Notwendiges transportieren konnte, brachten die flüchtenden Soldaten einen Kübelwagen hinauf und versteckten das Fahrzeug im »Baxrein-Stall« (die Bezeichnung ist richtig und der Stall wird heute noch gebraucht). In diesem Gefährt war alles Mögliche versteckt: Benzin, Alkohol und Zigaretten – »auch ein paar Pistolen wurden gefunden«, erzählte Fritz.

Nach einigen Wochen beruhigte sich wieder alles etwas, mit der Besatzung mussten die Menschen auch in unserem Tal leben lernen sowie mit den daraus entstehenden Veränderungen. Aufatmen konnten alle Menschen, der Krieg war endlich vorbei. Für uns zu Hause waren das Schlimmste und Traurigste die heimlich über die Berge heimschleichenden Soldaten, die für unser Land in den Krieg ziehen mussten und jetzt, wenn sie erwischt wurden, als »Kriegsverbrecher« in Gefangenschaft gekommen wären.

Jeder Soldat hätte gerne seine Uniform gegen irgendeine zivile Kleidung vertauscht. Vater hatte außer seiner Hose, ein paar Hemden und einem Janker nur noch seinen schwarzen Hochzeitsanzug. Alles, was er, Fritz und Markus entbehren konnten, wurde den flüchtenden Soldaten gegeben. Tante Moid kochte in der Waschküche im Dämpfer blaue Farbe, aus den Uniformen der Soldaten trennte sie Knöpfe und Taschen ab und ersetzte sie durch andere. Dann wurde das Gewand in die blaue Farbe getaucht, wieder getrocknet und zurechtgezogen. So konnten es die Männer wieder tragen auf ihrer Flucht, um nicht als Soldaten erkannt zu werden. Einige Wochen, fast den ganzen Sommer lang, kamen täglich fünf bis zehn Soldaten auf den Hof und baten um etwas zu essen und um irgendeine zivile Kleidung.

Mama hatte für alle etwas zu essen; wie sie das immer gemacht hat, konnte selbst Vater nicht ganz begreifen. Der sorgsame Umgang mit allen Lebensmitteln, die aus Stall, Garten, Feld und Wald kamen, war uns allen selbstverständlich, nur so konnte eine solche Notlage überbrückt werden bis zur nächsten Ernte. Von einigen Heimgekehrten kam auch Post. Einer schrieb nach zwei Jahren, er sei noch bei Innsbruck gefangen und nach Frankreich gebracht worden, aber er ist nach einigen Monaten freigekommen und komme wieder nach Hause. Die unendliche Dankbarkeit von den so schmählich behandelten Menschen war herzbeklemmend. Mein Gott, nur nie wieder Krieg!

Auf unserem Hof war auch eine Wiener Familie, ein Ehepaar und deren Tochter, einquartiert worden, das heißt, sie bewohnten ein großes Zimmer und waren froh, eine vorübergehende Bleibe gefunden zu haben. Ihre Wohnung mit ihrem Schuhgeschäft im selben Haus war zerbombt worden, sie hatten kein Dach mehr über dem Kopf. Sie waren glücklich, dass sie und alle im Haus Wohnhaften mit dem Leben davongekommen waren. Unsere Adresse hatten sie von einem meiner Wiener Angehörigen bekommen. Die Frau Draeg, so hieß die Familie, war ganz geschickt im Handarbeiten, ganz besonders im Löcherstopfen, deshalb waren wir froh, vor allem Tante Moid und ich, denn das Stopfen und Stricken von so vielen Socken und Strümpfen war wirklich keine Kleinigkeit. Herr Draeg half bei jeder Arbeit mit, Vater war recht froh darum. Die Tochter Elfi war gerade im fünfzehnten Lebensjahr und besuchte in Wien eine Höhere Schule. Während der Zeit bei uns auf dem Hof, fast ein Jahr lang, lernte sie aus Büchern, die sie in Mittersill von einer Schule erhielten. Ihre Sprachkenntnisse kamen uns jedes Mal zugute, wenn die Besatzungssoldaten ihre Streifzüge machten. Die Großmutter war ja oft mit uns Kindern allein im Haus, wenn die anderen auf dem Feld arbeiteten. Die ersten Besatzungssoldaten, die auf den Hof kamen, waren wohl die Vorhut der Besatzung. Um die Mittagszeit kamen sie geradewegs in die Küche.

Großmutter und ich waren beim Kochen, als vier Männer in Uniform zur Tür hereinstürmten, die Gewehre auf Großmutter richteten und Schnaps verlangten. Sie nahm mich an der Hand und stellte sich mit ausgebreiteten Armen vor die Kinder und das Körbchen, in dem das Jüngste, das fünfte Mädchen, lag. Sie sagte einfach: »Ich habe keinen Schnaps.« Elfi beherrschte die englische Sprache gut und konnte den Soldaten klarmachen, dass in diesem Haus kein Schnaps sei.

Ein Soldat ließ ein Stück Schokolade und ein anderer ein paar Kekse da, dann grüßten sie und zogen wieder von dannen. Sie waren ja auch nur Soldaten, die ihre Pflicht tun mussten und sicher auch eine Familie in ihrer fernen Heimat hatten. Eine noble Geste.

Großmutter schickte sicher ein Stoßgebet zum Himmel. Wir auch.

Ein anderes Mal haben die Soldaten das Pferd, »das Fuchsl«, im Moosanger entdeckt. Das Pferd war auch ein Kriegsdiener und hatte in der deutschen Armee als Trag- und Reittier gedient. Er war mit fünf anderen Armeepferden auf einem Bauernhof von den Flüchtenden zurückgelassen worden. Auf welchem Wege Vater zum Fuchsl gekommen ist, weiß ich nicht. Auf jeden Fall, die Besatzungssoldaten ritten mit Fuchsl über die Wiese auf und ab. Elfi sollte das – nach Vaters Willen – verhindern, das gelang aber nicht. Der Fuchs hat sich aber auch nicht dagegen gesträubt, sonst hätten sie ihn gar nicht einfangen können.

Andererseits hat er sich nicht so gerne zum Arbeiten missbrauchen lassen; vor einen Wagen gespannt zu werden war in seinem Leben neu. Mist- und Holzarbeit war sicher unter seiner Würde. Nur das Heueinfahren ging reibungslos. Vater meinte: »Weil er da die ganze Zeit fressen kann!«

Vater hat das Vieh regelrecht geliebt, es bekam nur gutes Futter und durfte auch ungezogen sein. Wenn der Hühnertrog mit frischem Futter gefüllt war, stand Fuchs regelmäßig vor der Tür und fraß ihn leer, wenn ihn niemand dabei verscheuchte. Ein schöner Haflinger-Mischling war er obendrein.

Bei uns und auf den anderen Höfen gab es ein Forstamtliches Freiweiderecht, das für das Jungvieh genutzt wurde und immer noch genutzt wird. Zweimal wöchentlich musste nach den Tieren geschaut werden, die meistens zusammen irgendwo im Bergwald weideten, ob sie gesund waren, genug Wasser hatten, nicht in unwegsamem Gelände unterwegs waren. Salz brauchten sie auch, das wir in einem Beutel aus Planentuch mitbrachten. Um schneller auf die Höhe, etwa fünfzehnhundert Meter (Seehöhe), zu kommen, setzten wir uns öfter, trotz Vaters Verbot, auf Fuchsl's Rücken. Es war einfach eine Freude, mit dem so wendigen Pferd ein Stück zu reiten, er war willig und ließ sich ganz leicht nur an der Mähne leiten. Sattel war ohnehin keiner da, ein solcher hätte auch keine Verwendung gehabt.

Vom »Arbeits-Alltag« daheim

Aus meinem heutigen Verständnis, wenn ich auf achtzig vergangene Jahre zurückschaue, ist nichts mehr, wie es einmal war. Die Einfachheit und das selbstverständliche Leben von und mit der Natur auf dem Land, im Besonderen in den Gebirgsgegenden, ist technisch geworden und eilt in einem unaufhaltsamen Tempo vorwärts. Hoffentlich betrügt mich das Gefühl, dass es wie eine Lawine wird, die auf die Menschen zukommt, immer schneller und bedrohlicher ...

Auf dem Hof gab es auch eine Brennerei (die Besatzungssoldaten wussten es vermutlich) – das war eigentlich, soweit ich mich erinnere, immer ein gutes Zusatzeinkommen. Eine verbotene Sache war nur die Schwarzbrennerei.

Dieses Zusatzeinkommen war kein leicht verdientes Geld, meist nur durch Sammeln von Beeren; Heidelbeeren gab es viele durch die Holzeinschläge im Bergwald. Die, die eine Brennerei hatten, konnten sich einen Schlag »Feschen«, der

Ausdruck für ein alleiniges Sammelrecht an dieser Stelle, sichern. Alle anderen Sammler konnten sich eine »Beerenkarte« beim Forstamt kaufen, das heißt eine Berechtigungskarte zum Sammeln von Beeren zum kleinen Preis. Auf dem Hof gab es einige Vogelbeerbäume, auch drei große Kirschbäume, die eine Unmenge Kirschen trugen. Großmutter hat immer eine große Schüssel voll gedörrt, um sie im Winter, eingeweicht und aufgekocht, als Kompott zu Nudeln und Krapfen auf den Tisch zu bringen. Trotz der Kirschkerne-Spuckerei werteten sie solche Mahlzeiten auf. Alle Früchte, die nicht zum Kochen gebraucht wurden, wurden zum »Brennen« eingemeischt, so auch die angeschlagenen Äpfel von vier kleineren Bäumen. Die guten wurden in der »Kuchlkammer« – so heißt die Kammer über der Küche – aufbewahrt. Auch der Honig, abgefüllt in braunen und blauen Steinguttöpfen. Vater hatte fünfzehn, manchmal mehr Bienenstöcke, eine Heidenarbeit im Frühjahr, wenn die »Impen trieben«, das heißt, wenn die Bienen ausschwärmten und einen neuen Staat bildeten.

Wir mussten höllisch aufpassen und, wenn wir einen Schwarm sahen, mit einer großen Wasserspritze über den Schwarm spritzen, damit sich die Bienen auf dem nächsten Obstbaum niederließen und sich mittels Fangkasten, der mit Thymian ausgerieben wurde, gut und unbeschadet einfangen ließen.

Der Duft in der Kammer nach der eingebrachten Apfelernte war betörend, und manches Mal stibitzten wir einen Apfel. Apfelspalten wurden im Backofen getrocknet. Wenn das Brot aus dem Ofen kam, wurden die Apfelspalten hineingeschoben, die Moosbeeren auf den kleinen Balkon am Dachboden auf die Darre geschüttet, auch so viel, dass es bis zur nächsten Ernte reichte. Eine Portion für eventuelles Bauchweh oder Durchfälle musste immer vorhanden sein.

Das Produkt der Brennerei, Schnaps, ist abhängig vom Ernteertrag und vom möglichen Fleiß des Sammelns und

Verarbeitens, die Honigproduktion vom Fleiß der Bienen, vom Blütenstand und von der guten Hand des Imkers. Beides sind Einkommen auf einem Bauernhof, die nicht direkt mit der Landwirtschaft zusammenhängen und dadurch einen beträchtlichen zusätzlichen Arbeitsaufwand verursachen.

Im Sommer 1946 und 1947 bewirtschaftete Vater zusammen mit dem Steinerbauern die Steineralm. Dreieinhalb Monate dauerte im Sommer die Bewirtschaftungszeit einer solchen Alm. Mangels Arbeitskräften musste ich im ersten Sommer auf dieser Alm die Arbeit eines Hüter-Buben verrichten. Der Melker Karl, damals schon betagt, lehrte mich neben der Arbeit beim Alm-Vieh die Milchverarbeitung, das Buttern, das Käsen und Schottenmachen, wie man den Käse im Keller zur Reifung bringt und die nötige Theorie dazu. Im zweiten Sommer oblag mir diese Arbeit, ich war also Sennerin. Franz, der Gehilfe, kam bei Tagesgrauen vom Steinerbauern auf die Alm und half, bis die Hauptarbeit für den Tag getan war, danach ging er wieder auf den Hof zur Heuernte, um Waldstreu zu mähen und die Holzarbeiten zu erledigen, die im Wald für den Abtransport im Winter vorzubereiten waren. Das waren lange, anstrengende Tage. Ab Mittag war ich dann wieder allein für die Arbeit beim Vieh, auch abends zum Melken war selten jemand zum Helfen da, doch ich war jung und kräftig, zum Glück auch recht gesund, und schaffte alles ohne große Schwierigkeiten.

Zu Hause gab es ein großes Malheur. Die Kirschen waren reif, bei der Heuernte war noch viel zu tun, und beides musste eingebracht werden. An einem solchen Sommerabend brachte mir Vater die Nachricht: Nach dem Heueinbringen war er auf den Baum mit den schwarzen Kirschen gestiegen, die in diesem Jahr ganz besonders schön waren, und hatte ein Eimerchen voll gepflückt. Die Tante Moid hatte sich mit den Kindern für eine kurze Rast ein wenig in den Schatten unter den Baum gesetzt. Vater hatte ihr einen großen Ast voll mit

Kirschen hinuntergeschmissen. Die Tante hat halt die Kirschen, ohne die Kerne auszuspucken, gegessen, es waren ja nur Vogelkirschen mit nicht sehr viel Fruchtfleisch, aber die arme, von uns allen so geliebte Tante musste daran sterben, unter schrecklichen Schmerzen, an einem Darmverschluss im Krankenhaus Mittersill – es konnte niemand helfen. Für uns alle, im Besonderen aber für Mama, einer der schmerzlichsten Verluste, den sie nie verwunden hat.

Für Fritz und Markus war es ein doppelter Verlust. Tante Moid hatte den beiden gar oft einen besonderen Leckerbissen in Form eines großen Butterbrots mit Zucker darauf oder ein Speckbrot zugeschoben, sie wusste wohl recht gut, dass heranwachsende junge Buben immer Hunger haben, auch wenn auf dem Hof niemand Hunger leiden musste.

Mama war nun mit der Kinderschar, der 81-jährigen Großmutter und deren acht Jahre jüngeren Schwester, Großtante Kathi, allein mit der ganzen Arbeit im Haus – immer noch ohne Waschmaschine und derlei Hilfen. Ich war auf der Alm und hatte meinen Dienst zu versehen. Tränen flossen viele.

Im Jahr darauf verließ uns die Großmutter, vierzehn Tage war sie krank gewesen. Ich lag neben ihr im Bett in der Kammer, ganz leises Schnarchen hörte ich und meinte, die Großmutter schlafe jetzt gut. Ich verhielt mich eine Weile ganz ruhig, und weil ich nichts mehr hörte, griff ich um ihre Hand. Die Hand war kalt – sie war lautlos heimgegangen.

Zurück blieben eine tiefe Traurigkeit und unendliche Dankbarkeit dafür, dass wir, im Besonderen ich, eine Großmutter gehabt hatten, gerade in der so wichtigen Zeit für ein Kind, das noch keine Geschwister hat. Einen Kindergarten gab es nicht, der Weg dorthin wäre auch viel zu weit gewesen.

Nun waren nur noch Mama, Tante Kathi und ich für die Hausarbeit, den großen Garten und die Kleintiere, zu denen alles außer Fuchs und dem Rindvieh gehörte, zuständig. Aber es ging.

Bei manchen Arbeiten, zu denen mehr Leute gebraucht wurden, kam ein Knecht von einem Nachbarhof, zum Beispiel beim Getreidedreschen. Drei Bauern, Baxrein, Rechtegg und Moosen, hatten zusammen eine Dreschmaschine. Dieses Monstrum von einem Hof zum anderen zu bringen war Schwerstarbeit.

Vier Männer wechselten sich beim Antreiben der großen Schwungräder beim Dreschen auf der Tenne ab. Und so verlief die Arbeit: Ich war auf dem Strohgang (vor mir hatte diese Arbeit Tante Moid verrichtet) und holte die Garben und schmiss sie, mit den Ähren voran, auf die Tenne. Mama schnitt mit einem Messer das aus Stroh gedrehte Band um die Garbe auf und legte sie mit den Ähren nach vorne auf den Futtertisch, so hieß die Auflage an der Maschine. Das Einfuttern besorgte Vater selbst.

Es war eine heikle Sache, nicht zu viel durfte es sein, sonst waren die Maschinentreiber überfordert, und zu wenig durfte es auch nicht sein, sonst schlug es das Getreide nicht richtig aus.

Fritz und Markus beförderten das Stroh hinaus, das die Maschine ausspuckte, und räumten es wieder auf der anderen Seite in den Gang. Der gedroschene Weizen blieb auf dem Boden der Tenne liegen, bis die letzte Garbe gedroschen war. Nach dem Dreschen wurde das Korn gereinigt, indem es wiederholt in die handbetriebene Windmühle geschüttet wurde, bis es ganz sauber war, dann abgefüllt in eine Butte und auf den Dachboden in der Getreidetruhe aufbewahrt. Solche Truhen waren aus einfachen Brettern zusammengefügt und daher auf dem luftigen Dachboden gut geeignet für den Vorrat, der ein ganzes Jahr reichen musste.

Ein Teil wurde vorab in ein kleineres Abteil in der Truhe geschüttet, als Samen für das nächste Jahr, der unangetastet blieb, auch wenn es ganz knapp wurde mit dem Vorrat und

das Mehl rar. Ohne Samen kein Getreide! Mit den Erdäpfeln war es genauso.
Die Arbeiten bei der Ernte bedurften immer größter Sorgfalt. Das Getreide wurde mit der Hand und mit Sicheln etwa 30 Zentimeter über dem Boden abgeschnitten, zu Garben gebunden und auf Holzpflöcke mit vielen Astgabeln gesteckt, damit es in der Sonne trocknen konnte, bevor es mit einem Leiterwagengespann auf die Gänge in der Scheune gebracht und dort gelagert wurde, bis im Spätherbst Zeit zum Dreschen war. Je mehr »Hifler« (Strohmandl) auf dem Acker standen, umso besser waren die Ernte und Vaters Laune.

Hier noch eine Erklärung zu den Garben und zum Halmach: Das Halmach ist der untere Teil, der beim Schnitt mit der Sichel stehen bleibt und nach der Einbringung der trockenen Garben gemäht wird. Das war für die Schafe ein gutes Futter, weil sie alle Gräser heraussuchten, besonders gerne mochten sie den »Till« und den »To«, ein Acker-Unkraut, das häufig in Roggen und Weizen vorkommt und zur Schnittzeit, wenn es reif ist, das heißt, die Samen abgeworfen hat, ganz besonders kratzt. Der botanische Name dafür lautet »Hohlzahn«. Dieser befand sich auch in den Garben, doch dazu hätten wir Arbeitshandschuhe gebraucht, und die gab es halt nicht; wollene halfen bei diesen Kratzbürsten nicht.

Bei den Erdäpfeln war es ähnlich wie beim Getreide, nach dem Ausgraben wurden sie gleich am Acker gemustert, die großen, die zerhauenen und die ganz kleinen für die Schweinemast, die mittleren, der größte Teil, hauptsächlich zum Essen. Nach dem Abtrocknen kamen sie sortiert in den Keller in die dafür vorgesehenen Erdäpfelkästen, während die Saaterdäpfel, die auch gleich am Feld aussortiert wurden, in das dafür vorgesehene Abteil gelegt wurden.

Der Flachsanbau und die sorgfältige Verarbeitung dieser Ernte erzeugten das Produkt Leinen – für Wäsche und zum Teil auch für die Bekleidung. Wenn die kleinen Samenkolben braun und reif waren, musste der Flachs mit der Wurzel ausgezogen und zu Büscheln gebunden werden, die man zwischen Daumen und Zeigefinger halten konnte, und ebenfalls auf Hifler gesteckt. Nach dem Trocknen wurde auf der Tenne auf einem Leinentuch ganz sorgfältig der Samen ausgeschlagen. Dieser war früher ein wertvolles Arzneimittel für Mensch und Tier: Leinsamen. Danach wurden die Bündel auf der Wiese hinterm Haus in Reihen ausgebreitet und in der Sonne gebleicht. Wenn diese Prozedur, die meist eine Woche dauerte, abgeschlossen war, wurde der Flachs in lockeren Ballen in der Scheune gelagert bis zum »Brecheln«, was heißt, die Schale von der Faser zu brechen. Bei uns fiel diese Arbeit meist im Februar oder März an, wenn noch Schnee lag. Die Geräte waren bei zwei oder drei Bauern Gemeinschaftsgut. Auf dem Baxreinhof war ein Brechel-Loch, eine ausgehobene Grube, mit Steinen ausgelegt, mindestens einen Meter tief. In dieser Grube wurde Feuer gemacht, und wenn dann eine schöne Glut war, wurde ein Holzrost daraufgelegt und der trockene Flachs noch einmal geröstet, bis er ganz spröde war. Das besorgte Vater selbst – ein nicht ungefährlicher Arbeitsgang.

Fritz und Markus übernahmen abwechselnd das Vorschroten mit der großen Brechel. Drei, manchmal mehr solcher Arbeitsgänge mit schmalen, ineinander verzahnten Geräten waren nötig, bis nur noch die feine Flachsfaser übrig war. Diese wurden zu handlichen »Reistl« – die aussahen wie ein Garnstrang – gedreht und im Dachboden bis zur Weiterverarbeitung im kommenden Herbst aufgehängt.

Nach getaner Arbeit, die meist einen Tag beanspruchte, wurden die Geräte versorgt, sauber aufgeräumt, die restliche Glut gelöscht und, weil die Feuerstelle ganz nahe bei der Baxreinkapelle war, vor dem Heimgehen ein Vaterunser gebetet. So war wieder ein Teil einer Arbeit im Jahreskreis verrichtet.

Abgeschlossen war sie erst im Jahr darauf, wenn der Flachs im Laufe des nächsten Herbstes und Winters gesponnen und meist im späten Frühjahr vom Weber zu Leinen verarbeitet war. Danach wurde das Tuch auf der Wiese gebleicht und war zur Weiterverarbeitung bereit. Einen Ballen Tuch nannte man »ein Stückl«; leider weiß ich nicht mehr, welches Maß das Stückl hatte.

Großmutter wusste, dass aus einem »Stückl« zwei Leintücher, zwei Kopfpolster und ein Herrenhemd gemacht werden konnten. Das hat auch die Nachbar-Hani gesagt. Bettzeug, Hemden und Janker für die Manderleut, Tischtücher, Handtücher, Mühlbeutel, Grantnsackl, auch Strohsäcke für die Betten und viele andere Dinge, die auf einem Selbstversorgerhof hergestellt wurden, konnten daraus gefertigt werden.

Diese Arbeitsabläufe wiederholten sich regelmäßig, jedes Jahr von Neuem, mit großem Bedacht darauf, über eine eventuelle Durststrecke zu kommen, wenn beim Wetter oder im Stall, »Gott möge es verhüten«, ein Unreim war, Hagel, Krankheit oder sonstige Unbill, die den Hof mit Mensch und Tiere heimsuchen konnte.

Die Holzarbeiten gehörten auch zu den Frühsommer-Arbeiten. Bis alles bereitstand für den Abtransport im Winter, vergingen immer ein paar Wochen. Diese Arbeit habe ich im Kapitel »Meine Großmutter« genauer beschrieben.

Wenn das Wetter beständig war, begann die Heuarbeit, die Holzarbeit wurde nur zwischendurch erledigt. Mama sagte oft: »Wenn einmal die Sensen gedengelt werden, kommt man den ganzen Sommer nicht mehr davon los.«

Damit hatte sie recht. Für den ersten Schnitt des Heus brauchte es gewiss zwei bis drei Wochen, weil alles von Hand erledigt wurde (heute drei Tage). Zwischendurch verlangte der Garten immer wieder unsere Aufmerksamkeit. Wenn die Beerenzeit begann, gingen Tante Moid, Fritz und ich, manchmal auch Markus, zum Beerensammeln für die Brennerei. Das ging, natürlich wetterabhängig, ebenfalls so zwei, drei Wochen. Das ganze Einbringen der Ernte jeglicher Art bestimmte zum größten Teil das Wetter. Der Weizen- und Roggen-Schnitt fiel auch in diese Zeit, nicht punktgenau, sondern je nach Reife und Wetter. Bei unbeständigem regnerischen Wetter mähten Vater und die Buben die Mooswiesen, während wir, die »Weiberleut«, zusehen mussten, mit der Hausarbeit nachzukommen. Waschen für so viele Leute war viel Arbeit, Flickwäsche und zum Stopfen gab es stets eine Menge. Wie in einem Uhrwerk griffen die verschieden anfallenden Arbeitsgänge eines Bauernjahres ineinander.

Gäste

Während des Krieges wurden schon immer zwei Zimmer an Gäste vermietet. Es waren meist Frauen, die in Munitionsfabriken arbeiteten und einen Erholungsurlaub bekamen. »Kraft durch Freude« hieß diese Erholungszeit – vom Hitlerregime für arbeitende Menschen, die im Kriegseinsatz verpflichtet waren, ins Leben gerufen. Sie waren dankbar für das gute Essen und die gute Luft, und sie genossen das ruhige Leben auf dem Bauernhof, vierzehn Tage lang.

»Wieder gestärkt«, so sagte einmal eine Frau Teppei, »fahren sie nach Hause in eine ungewisse Zukunft.« Einen Abschied ohne Tränen habe ich nicht in Erinnerung. Die Frauen pflückten jedes Mal einen Eimer Beeren, den sie mitnehmen durften. Vater und Markus halfen meistens, das Gepäck auf den Bahnhof zu bringen, weil es ja über weite Strecken getragen werden musste. Wir hatten nur eine Kuh und einen zweirädrigen Wagen als Transportmittel, also ging es mit dem Tragen schneller und weniger umständlich, direkt zum Bahnhof Rosental, einem Ortsteil von Neukirchen.

Waschtag

Im Zusammenhang mit der Gästebettwäsche möchte ich einen Waschtag schildern. Die Gästewäsche war natürlich nur ein kleiner Teil dieser Arbeit, zumal die ja gerade drei bis viermal im Sommer anfiel. Ein Waschtag begann am Vorabend. Ein Dämpfer heißes Wasser, das in der Waschküche bereitet wurde, musste in einen großen Holzbottich über einem Eimer voll Holzasche gegossen und mit einem Deckel zugedeckt werden. Die weiße Wäsche wurde in einer Wanne eingeweicht, mit ein wenig Soda, die bunte sortiert und nur in kaltem Wasser eingeweicht. Am nächsten Morgen begann der Waschtag mit dem Wassererhitzen.

Die im Bottich bereitete Aschenlauge wurde durch ein mit einem Leinentuch ausgelegtes Sieb abgeseiht. Auf der Waschbank wurde zuerst die große Wäsche aus der Wanne geholt und mit Kernseife und Bürste geschrubbt, nach dem ersten Ausschwemmen in den Waschdämpfer gelegt, in dem ein oder zwei Eimer mit Aschenlauge das Waschmittel ersetzten, und zum Kochen gebracht. Nach gut einer Viertelstunde Kochzeit wurde die Wäsche mit einem Holzstiel wieder aus der Lauge geholt, noch einmal in der Wanne voll frischen Wassers »gerubbelt«, dann mit warmem Wasser geschleddert (ausgewaschen) und danach mit kaltem Wasser geschwemmt, zu Deutsch: Sie wurde mit der Wäscherumpel bearbeitet und einmal lauwarm, danach einmal kalt gespült. Sofern es das Wetter zuließ, wurden die Wäschestücke im Freien auf zwischen Obstbäume gespannte Wäscheleinen gehängt. Bei schlechtem Wetter kam die Wäsche auf den Balkon, und wenn gar keine Aussicht auf etwas Sonne war, dann halt auf den Dachboden, wo es auch eine Aufhängemöglichkeit gab.

Als Nächstes kam die Leibwäsche an die Reihe. Das war noch mühsamer bei so vielen Hemden, Hemdchen, Unterhosen, Handtüchern, Taschentüchern und weiß Gott sonst noch allem. Es waren die gleichen Arbeitsgänge: Die bunte Wäsche wurde mit gut handwarmer Lauge gebürstet und geschrubbt, dann weiterbehandelt wie die weiße, Socken und Wollsachen je nach Verschmutzung so behandelt wie heutzutage die Handwäsche, nur eben mit Aschenlauge oder Kernseife. Am Abend taten der Rücken und die Arme weh vom Auswringen der Wäsche. Alle drei Wochen fiel ein Waschtag an. Als die Tante Moid nicht mehr lebte, half uns die Seerein Hani, eine Nachbarin, die sich mit solchen Tagwerkerarbeiten ihren Lebensunterhalt verdiente.

Der Waschtag endete meist erst am Abend. Die übrige Waschlauge wurde zum Putzen gebraucht. Jeden Freitag oder Samstagvormittag mussten die Fußböden geschrubbt werden (es gab nur Holzfußböden), Küche, Stube, Abort und Vorhaus jede Woche, die Stiegen, die Speis (Vorratsraum), die Kammer und der Gang, wenn es nötig war.

Das elektrische Licht

Im Herbst 1947 bekam der Rossberg, und so auch Moosen, das elektrische Licht. Welche Errungenschaft! Zwei Brüder, die in ihren jungen Jahren im Krieg gedient und somit ihre Lehr- und Jugendjahre versäumt hatten wie so viele junge Männer, hatten einen weit vorausschauenden Schritt gewagt, zum Segen vieler.

Die Zinkenmühle und die Säge bestanden schon immer; sie wurden mit Wasser aus dem Dürnbach betrieben und waren dadurch das ganze Jahr betriebsbereit, im Gegensatz zu den kleinen Mühlen, von denen auf den meisten Bauernhöfen eine stand. Gemahlen konnte da nur werden, wenn genug Wasser da war, und das war bei den »Sonnbergerbächlein« bei Weitem nicht immer der Fall. Unstimmigkeiten unter den

Nachbarn blieben manchmal nicht aus, weil die Quellwasserrechte nicht nach dem Bedarf des jeweiligen Bauern in trockenen Frühlingen und Frühsommern festlegbar waren. Das naturbelassene Getreide konnte nur in kleineren Mengen gemahlen werden, was wiederum mit der Haltbarkeit des Mehles zusammenhing … Der Zinkenvater hat jederzeit das Getreide gemahlen und im Sägewerk auch Holz zu Brettern geschnitten und zu dem, was halt so gebraucht wurde.

Jetzt sollte da ein »E-Werk« entstehen und die ganzen Höfe in der Umgebung mit Strom versorgen!

Eine kaum vorstellbare Arbeit war wohl die Herstellung der aus Holz gefertigten Druckrohrleitung, die ja eine beträchtliche Länge haben musste. Der Leitungsbau beanspruchte auch eine geraume Zeit – ausklügeln, wo die Masten stehen sollten, frei von eventuellen Windschäden durch Bäume, aber beim Mähen und anderen Arbeiten beileibe kein Hindernis sein sollten und möglichst nahe an den Gebäuden, um eine lange Zuleitung zu vermeiden. Kluge Köpfe und nicht immer nachgiebige Bauern haben alles gelöst. Keine Petroleumlampen mehr befüllen und die Zylinder putzen müssen! Für mich eine himmlische Erleichterung, weil es meine Aufgabe war, für die Lampen zu sorgen – ich brauchte nur noch zwei Stall-Laternen für die kleinen Wiesenställe herzurichten.

Bügeln gehörte auch zu meinen Aufgaben, das Kohlenbügeleisen (brandgefährlich bei Unachtsamkeit) hatte bald ausgedient. Ein elektrisches Bügeleisen war das erste Gerät, das angeschafft wurde, und das warf gleich eine neue Unzulänglichkeit auf: Nur in der Küche und in der Stube war neben dem Lichtschalter eine Steckdose eingebaut, also gar nicht an dem Platz, wo sie gebraucht wurde.

Im Frühjahr darauf kam eine Waschmaschine. Hurra! Natürlich war es ein der damaligen Technik entsprechendes Gerät, aber es war doch eine große Arbeitserleichterung.

Die dankenswerte vorausschauende Denkweise der beiden Elektriker erwies sich als äußerst nützlich. Der Lichthaus Hans und der Rendl Hans als Lehrling hatten den ganzen Berg installiert. Die hätten gerne an Stellen, wo Steckdosen am meisten gebraucht wurden, wenigstens in Küche und Stube, solche angebracht – aber »nein, das brauchen wir nicht, das Licht ist das Wichtigste«, hieß es. Vor der Speis, wo die Großmutter den Rührkübel mühsam drehte, meinte Hans, der Lehrling: »Da fragen wir nicht, da machen wir eine Steckdose her.« Diese Steckdose erwies sich auch als perfekter Platz, um die Waschmaschine zu nützen, und das Butterfass konnte auch elektrisch betrieben werden. Die erste Sparsamkeit der Anschlussnehmer trat langsam in den Hintergrund angesichts der entstandenen Arbeitserleichterung durch mit Strom betriebenen Maschinen.

Wie überall im Leben, greift auch da wie bei einem Uhrwerk ein Zahnrad in das andere und treibt die Zeit voran. Speziell in den Sommermonaten wurde in der Landwirtschaft, aber auch in den Gasthäusern mehr Strom gebraucht, und es passierte immer wieder einmal – und genau dann, wenn es am ungelegensten kam –, dass das Netz zusammenbrach und die anfängliche Beschleunigung ein wenig stoppte.

Wenn die Tage wieder kürzer und dunkler wurden, war es im Haus jetzt hell, nur mit einer Schalterbewegung. Gestrickt, gesponnen und Wäsche ausgebessert wurde in der dunklen Jahreszeit doch meist erst am Abend, die Tage waren zu kurz dafür. Solche Abende sind mir unvergesslich geblieben. Oft sind die Nachbarn zum »Hoagaschten« (gemütlichen Plaudern) gekommen. Fritz hat meistens kleine Holzarbeiten mit der Laubsäge oder mit dem Schnitzmesser gemacht, auch Knöpfe angenäht, wenn solche fehlten an Hosen und Jankern. Markus konnte mit einem Veitl-Messer schöne, fast naturgetreue Edelweiß schnitzen. Bei der Helligkeit in der warmen Stube wurden sie noch viel schöner

Wenn dann die Kinder im Bett waren (und hoffentlich schliefen), war es spätestens 18.30 Uhr. Bis das Waschzeug in der Küche weggeräumt und Bekleidung und Unterwäsche an den Platz für die Nacht geräumt waren, verging noch einmal eine halbe Stunde. Dann begann auch für die »Weiberleut« der Abend in der warmen Stube.

Je nach anfallender Arbeit wurde gestrickt oder Wäsche ausgebessert, das haben meist Mama und ich gemacht. Tante Moid hat wochenlang Flachs gesponnen, die Großmutter ganz sorgfältig die Schafswolle, die Großtante Kati hat Hosen geflickt, damit war sie voll beschäftigt. Eine Strickarbeit hatten wir immer alle bereit, falls es an einer anderen Arbeit mangelte.

Besonders schöne Abende waren die, wenn Vater vorgelesen hat – bei diesem hellen Licht ging das dann noch einmal so gut –, meist aus dem Reimichl-Kalender, einem Bauern-Kalender, ursprünglich vom Pfarrer Reimichl. Nach dem Krieg hatten wir auch die Wochenzeitung »Wochenschau«, in der fast immer ein Fortsetzungsroman war; ungeduldig erwarteten wir jedes Mal den Briefträger. Fritz brachte einmal einen Hundert-Heft-Roman von irgendwoher mit, eine furchtbar spannende Geschichte. »Die ganzen langen Winterabende sind damit draufgegangen«, meinte Vater, wenn er später davon erzählte. Er und Fritz haben sich bei der Brennholzarbeit, die mit Zugsäge und Axt noch händisch gemacht wurde und daher keinen Lärm verursachte, den Kopf zerbrochen, wie es wohl im nächsten Kapitel weitergehe.

Wenn bei seinen bedächtigen, sehr deutlichen Lesungen die Spannung fast unerträglich wurde, musste Mama rasch weiterlesen, bis sich dieser Zustand löste. Die Bemerkung von Markus war dann meist: »So a Dumma!«

Im Sommer davor, als für das E-Werk die Wasserrohre verlegt wurden, waren zwei meiner Cousins, Richard und Hans, junge Ingenieure bei Semperit, auf ein paar Tage Urlaub bei uns auf dem Hof. Sie waren gerade noch im Wehrertüchtigungslager, dann war der Krieg zu Ende und sie konnten ihr Studium abschließen.

Sie beide haben sich für diesen E-Werk-Bau sehr interessiert. Die ersten Druckleitungsrohre waren aus Holz, von den beiden Unternehmern selbst entworfen, zugerichtet und zusammengebaut, eine unglaubliche Leistung in einer an hilfreicheren Gerätschaften noch mangelnden Zeit. Eine Arbeit dieser Art sahen Richard und Hans das erste Mal und meinten, sie sei eine Pionierleistung.

Inzwischen sind die Brüder, die E-Werk-Erbauer, schon geraume Zeit verstorben, meine beiden Cousins auch. Die Frauen leben noch, Liesl's Sohn Hans ist auch Techniker und lebt in England. Er bedauert zutiefst, dass bei seiner Übersiedlung nach England aus seines Vaters Jugenderinnerungen so manch Wichtiges abhanden gekommen ist.

Die Kinder und Enkel der Zinkenbrüder führen das Werk, sicher um ein Vielfaches vergrößert, mit allem, was dazugehört, erfolgreich weiter.

Auf dem Mühlengelände, in dem das kleine Werk ganz unspektakulär eingebaut wurde, würde heute einer, der sich noch an die alte Sägemühle erinnert, die Mühle mit dem »Rinnwerk« (Wasserleitung) aus dem Dürnbach und den Zinkenvater als Müller vermissen; sonst kaum etwas. So wenig ist durch den Bau, des E-Werkes, das so große, förderliche Veränderungen brachte, im Gelände anders geworden.

Der Spätherbst war die Zeit für die Weihnachtsvorbereitungen: Socken, Hauben und Handschuhe stricken. Zum Doggelnmachen kam meist die Juli-Moidei. (»Juli« hieß ihre Mutter, und da Moidei unverheiratet war, erhielt sie, wie damals üblich, diesen sogenannten Vulgonamen.) Moidei war nicht nur Näherin, sondern auch Doggelmacherin. Die Hausschuhe (Doggeln) wurden und werden heute noch von Hand erzeugt und heißen immer noch so.

Diese kleine Frau hatte eine Kraft in den Händen, die man nicht für möglich hielt. Vier Tage hintereinander hat sie nur zugeschnitten, die abgenähten Teile mit Nägelchen auf die Leisten geheftet und die Sohlen aufgenäht. Oberteile absteppen und das Einschlupfteil mit einem breiten Band einfassen war Mamas und meine Aufgabe. Die Juli-Moidei war eine Frau, die meistens auf den höher gelegenen Höfen und bei Familien mit mehreren Kindern ihre Dienste leistete und auch manche Begebenheit zu erzählen wusste, so wie diese:
Auf der Ed oben hatte sie auch oft im Spätherbst derlei Arbeiten erledigt. Einmal, als es schon dunkel wurde, ist in der Lampe das Petroleum ausgegangen, Vorrat war auch keiner im Haus, also haben sie ein paar Kerzen angezündet. Die Buben hätten längst schlafen gehen sollen und haben halt noch ein wenig in der Stube herumgerauft, dabei den Tisch angerempelt, die Kerzen sind umgefallen und das Wachs ergoss sich über die zugeschnittenen Teile und Nähutensilien auf dem Tisch. »Dabei haben ein paar Wollfäden zum Glosen angefangen«, erzählte sie. »Dann war es dunkel und ich hatte einen frühen Feierabend. Bei dem heutigen taghellen Licht könnte man ja die halbe Nacht arbeiten!«
Bis die nächste hilfreiche Errungenschaft ins Haus kam, dauerte es noch ein Weilchen, und da kam wieder das Steckdosen-Manko ans Licht: Die Kühltruhe hatte einen guten Platz in der Speis, aber es gab keine Steckdose weit und breit. Der Rendl wusste auch diesmal Rat.

In der letzten Vorweihnachtswoche wurde es Zeit, das Kletzenbrot (Weihnachtsbrot) zu backen. Für die Buben gab es ein Weckerl extra zum Christkindl.
Der Heilige Abend wurde von uns mit viel Arbeit und von den Kleinen mit größter Ungeduld erwartet. Die gemästete

Sau musste auch in dieser Woche »daran glauben«, das heißt geschlachtet und verarbeitet werden. Die Sau hatte sicher an die 250 Kilo oder mehr. Die schönen Teile für den Speck wurden eingesalzen, der Kopf, die Haxen und der Hals in eine Kiste ganz fest in Schnee gepackt, gut zugedeckt und hinten auf den nordseitigen Balkon gestellt.

Aus der Leber und den Nieren wurden Knödel gemacht und im frisch ausgelassenen Schweinefett ausgebacken, so hielten sie in der Kälte gut ein paar Wochen. Aus der Lunge und dem Herz gab es ein Beuschel (Ragout). Für den Weihnachtsbraten am Heiligen Tag hat die Mama immer ein Stück vom Brüstl abgezweigt, und mit viel klein gehackten Rippenknochen und Wurzelwerk aus dem Garten hat sie einen wunderbaren Braten mit viel Soße gemacht, Salzerdäpfel dazu und das erste Sauerkraut aus dem Fass. Die Weihnachtstage waren üppiger durch das Angebot von Fleischspeisen, denn wenn es draußen frostig war, hielt sich der Fleischvorrat länger.

Wenn wir nach der Mette heimkamen, so um zwei Uhr nachts, stand ein Topf mit Essig-Gesottenem aus einem Teil vom Kopf und den Haxeln, mit viel Wurzelwerk in der Suppe, in der Stubenofenröhre, im Fachjargon »Steirisches Wurzelfleisch«.

Aus dem Rest wurden Sülze und Fleischgeröstel gemacht, lauter gute Mahlzeiten. Von den wenigen Fleischabschnitten beim Speckzuschneiden machte Mama ein Gulasch, das sie in Weckgläsern haltbar machte, das hielt dann bis Ostern – wenn es so lange hielt!

Die Weckgläser gab es erst während des Krieges. Das war auch eine Hilfe zur Versorgung der Familie. Die Grammel-Knödel und der Grammel-Kuchen, den Großmutter jedes Mal gemacht hat, waren auch recht gut, gehörten aber nicht zu Vaters und unseren Leibgerichten. Das Schweineschmalz war ein wichtiger Bestandteil zur Haltbarmachung.

Das alles hat sich mit der Kühltruhe gründlich zum Besseren verändert.

Klaus Huber war Mechaniker, gerade aus dem Krieg heimgekommen. Er versuchte einen Weg in die Zukunft zu finden und eine Existenz aufzubauen, gemeinsam mit seiner Frau Rosa, geb. Schnöll

Klaus wusste sehr wohl, wie wichtig die Strom für diese Region wäre, und machte einen Versuch mit einem Windrad, das er am Rechtegg auf dem Dach des Rossstalls montierte. Eine Leitung legte er über den Zaun und niedrige Bäume hinunter zum Grabenstall und nach Moosen. Ein paar Lampen wurden installiert, und wenn dann bei Dunkelheit der Wind blies, gab es Licht in unterschiedlich schwankender Helligkeit.

Der Wind war leider kein verlässlicher Partner und die Bauern glaubten nicht recht an die neue Technik und was sie ermöglichen würde. Auch andere Interessierte standen diesem neuen Verfahren sehr skeptisch gegenüber. Wasserkraft ja, zwei kleine private E-Werke gab es sogar in der Nachbarschaft.

Die Idee war sicher gut, aber erst im Entstehen, und dieser weite Weg bis zum Gelingen scheiterte ganz einfach an den finanziellen Möglichkeiten und dem Glauben der Beteiligten an das neue technische »Wunder«, aus Wind Strom zu erzeugen.

Außerdem wurden die zwei Pferde (auch Heimkehrer aus dem Krieg, die von Soldaten bei der Flucht über die Berge, auf einem Bauernhof zurückgelassen worden waren) im Stall unruhig und nervös, wenn sich das Windrad je nach Windstärke drehte.

Also wurde es wieder abmontiert – ob und wie es damit weiterging, weiß ich leider nicht. Meine Erinnerung an das aufflackernde Licht ist nicht geträumt, sondern so nah, als wäre es erst gestern gewesen.

Heiliger Abend

Gleich nach der Versorgung von Mensch und Tier zum Frühstück wurde mit den Putzen begonnen: Stiege, Stube, Küche, zuletzt Vorhaus und Abort. Die Putztücher durften nicht wie sonst auf dem Balkon aufgehängt werden, sondern wurden nur über den Waschtrog gelegt. Einem Aberglauben zufolge bedeutete »Häute aufhängen« einen Unreim im Stall herausfordern. Wenn ein Vieh krank wurde oder gar verendet war, wurden nämlich Häute aufgehängt. Am Vormittag machten die Mannsleute die »Bachl-Schneid«: Messerschleifen am Vierundzwanzigsten am Vormittag, da hält die Schneide der Messer besonders gut und lange, so der Glaube.

Großmutter, später dann Mama, kochte das »Bachl-Koch«, ein Mehlgericht mit Butter und Honig darauf. Das kleinste Kind in der Wiege musste auch ein Löffelchen davon essen, damit es groß und stark wurde.

Allerhand heidnische Bräuche, die gepflegt wurden in einer tief christlichen Region. Vater hat noch vor dem Essen in der Stube das Kripperl im Herrgottswinkel »aufgemacht«, ein schönes Jesuskind aus Wachs in einem mit Glas abgedeckten Kistchen. Das Kripperl hatte eine Form wie der Altarraum in der Kirche, ausgekleidet mit dunkelblauem Samt und einem Sternenhimmel. Auf beiden Seiten im Herrgottswinkel hingen noch die Bilder von Jesus und Maria. Geschmückt wurde das Kripperl mit einer Kerze und ein wenig Tannenreisig.

Am Nachmittag wurden die an den langen Winterabenden selbst erzeugten Geschenke in buntes Papier eingepackt. Vater holte ein Christbäumchen aus dem Wald. Früher als sonst wurde im Stall die Arbeit verrichtet und das Vieh versorgt.

Nach der Stallarbeit kam das Rauchengehen. Mama hat im Küchenherd eine schöne Glut für den Rauchkessel vorbereitet und Weihrauch bereitgestellt. Die Glut wurde in den Rauchkessel gelegt und der Weihrauch darauf gestreut. Wir, Vater, Fritz, Markus und ich, mit einem Mädchen an der Hand, gingen durch den Stall. Vater trug den Rauchkessel, auf die Glut legte er immer wieder Weihrauch, und Fritz besprengte die Tiere einzeln mit Weihwasser, das zu Ostern in der Kirche geweiht worden war, darauf legte Großmutter besonders großen Wert.

Markus durfte jedem Tier eine Handvoll Kleie mit zu Ostern geweihtem Salz an seine Futterstelle legen, dabei hätten wir beten sollen, das gelang aber nicht immer. Nach dem Rauchen im Heimstall gingen meist die drei »Männer« mit geweihtem Rauch und dem Weihwasser zu den Futterställen in den Wiesen, drei an der Zahl. Bis sie zurückkamen, war es dunkel. Das Abendessen war fertig und wartete nur noch, bis alle am Tisch saßen. Traditionell gab es Rauchnudeln (Rohrnudeln aus feinem Germteig mit viel Rosinen), dazu Sauerkraut, und als Nachtisch einen Mohnscheiterhaufen. Nach dem Essen räumten wir rasch auf, während Mama in die Stube verschwand, die sie hinter sich abschloss. Danach knieten wir uns alle um den Küchentisch, die Kleinen saßen hinterm Tisch unterm Herrgottswinkel (alle zwei Jahre wurde es eines mehr). Vater betete einen Rosenkranz vor, manchmal auch mehr Gebete dazu, je nachdem, wie lange Mama in der verschlossenen Stube war. Wenn es uns zu lang wurde, hat uns Großmutter getröstet, indem sie uns erzählte, früher hätten sie immer drei Rosenkränze und den Engel des Herrn dazu gebetet. Aber endlich läutete das Glöckchen.

Vater hielt die Stubentür auf, und der Christbaum strahlte im hellen Kerzenlicht. Je mehr kleine Kinder es waren, umso größer wurde die strahlende Freude. Für jeden lag ein kleines Packerl bereit mit besagten Geschenken, ein paar Nüsse und Äpfel sowie eine Tafel 2-Schilling-Schokolade als Krönung von allem. Meist um 21 Uhr war der Weihnachtsabend vorüber, und alle waren müde.

Die, die in die Mette gehen wollten, legten sich auf die Ofenbänke oder hinter den Tisch. Um 23 Uhr hieß es, sich warm anzuziehen, eine Laterne anzuzünden und in die Mette zu gehen, die um Mitternacht begann.

Voller Stolz zeigten wir den Nachbarmädchen, die auch in die Kirche gingen, die neuen Doggeln (Patschen, die wir auch zum In-die-Kirche-Gehen anzogen, wenn es nicht regnete, was äußerst selten der Fall war) und diese uns ihre neuen Sachen: Handschuhe, Hauben und dergleichen. Zwei Uhr wurde es, bis wir wieder daheim waren. Den ganzen Weg über freuten wir uns schon auf die Suppe mit dem Essiggesottenen. Wir trafen auch Nachbarn von weiter unten, gingen ein Stück Weges gemeinsam und wünschten uns eine gesegnete Weihnacht.

Nikolausabend

Den Nikolausabend darf ich auch nicht unterschlagen. Den erwarteten wir mit weniger Ehrfurcht, aber umso mehr Spannung. Alles war um den Stubentisch versammelt, als mit Kettengerassel und anderem Radau an die Tür gepocht wurde. Die Kleinen kauerten hinter dem Stubentisch, unter dem Herrgottswinkel eng zusammengerückt. Mama saß auf der einen Seite, Vater auf der anderen, eine kleine Axt hatte er vor sich liegen, für den Fall, dass der Krampus etwa gar ein Kind, das über das Jahr nicht brav und folgsam gewesen war, grob anfassen würde oder gar in den Korb stecken wollte – dann würde es der Vater dem Krampus schon zeigen!

Die Fantasien der Menschen, ob Groß oder Klein, brachten in dieser Zeit allerhand und auch ganz besondere Geschichten hervor. Schließlich wurde der Krampus am Ofengeländer mit der Kette angehängt, und der Nikolaus schlug ein großes rotes Buch auf und las daraus für jeden Einzelnen die guten und bösen Taten vom ganzen Jahr vor. Alles Mögliche kam dabei heraus, und der Nikolaus musste recht oft lachen; das verbarg er mit einem »Hustenanfall«.

Nach der Bescherung und noch mehr Belehrung verabschiedeten sich Nikolaus und Krampus mit Gebrause und Kettengerassel.

Nach einer kleinen Weile kamen dann die Rechtegger Sefa und die Kathi, eine Magd auf Rechtegg, zu Besuch; einmal war die Kathi noch ein bisschen schwarz am Hals, ja, ja …

Die langen Winterabende waren alles andere als langweilig bei uns, wenn wir auch eine Stunde vom Dorfgeschehen entfernt waren.

Der Briefträger, der Rauchfangkehrer, Viehhändler und »Kirchensager« (dieser brachte die Botschaft, wer verstorben war und wann er beerdigt wurde, mit der Bitte um den Kirchgang, die Begleitung auf seinem letzten Weg), sie alle erzählten von den Neuigkeiten, die sich so in der Umgebung zugetragen hatten.

Zu Neujahr und Heilige Drei Könige wiederholte sich das Rauchengehen. Mit Maria Lichtmess war die Weihnachtszeit abgeschlossen, die Mystik der Raunächte vorüber und ein neues Bauernjahr begann.

Maria Lichtmess

Das war die Zeit des Arbeitsplatzwechsels – wenn ein solcher bevorstand.

Zu meiner Zeit haben die meisten Menschen noch bei den Bauern und bei den Bundesforsten Arbeit gefunden, bei den Handwerkern gab es Lehrlinge und Gesellen. Auch bei einigen Frauenberufen, wie Schneiderinnen und Verkäuferinnen, Köchinnen und Mägde, gab es diesen Arbeitsplatzwechsel. Während der Lehrzeit sollte der Arbeitsplatz nicht gewechselt werden, eine neue Lehrstelle kriegte dann kaum einer.

Der Arbeitsplatzwechsel fand traditionell zu Maria Lichtmess statt, ein ganz wichtiger, auch ein aufregender Tag für diejenigen, die eine neue Arbeitsstelle gesucht und gefunden haben. Ebenso für die Arbeitgeber, denn es hat ja jeder Mensch seine Eigenheiten, die er nicht ablegen kann. An Menschen, mit denen zusammengearbeitet werden muss, braucht es eine Zeit zum Gewöhnen.

Lohnzahlungen und Dienstbotenwechsel – das waren Tage mancher Veränderungen in dieser Zeit auf den Bauernhöfen. Ich habe es zweimal erlebt, einmal als gut Sechsjährige und einmal mit sechzehn Jahren.

Nach der Heirat meiner Mutter wurde der taubstumme Mathias nicht mehr gebraucht. Der Hauptgrund war wohl, dass man sich eine weitere männliche Arbeitskraft nicht leisten konnte; jetzt übernahm Vater Mathias' Arbeit.

Großmutter und die Tante Moid wuschen alle seine Sachen und schauten, dass auch alles in gutem Zustand war, diese und einige andere Habseligkeiten packten sie in den Schubladenkasten. Ein solches Möbelstück besaßen die meisten Dienstboten selbst. Der »Kommodkasten« – so nennt man einen Schubladenkasten – fand auf dem Leiterwagen Platz, dann wurde die Kuh davorgespannt.

Mathias nahm mich beim Abschied ganz fest in den Arm (das spür ich immer noch und weiß auch noch genau, an welcher Stelle vor dem Haus das war), dann fuhr Vater mit zum neuen Dienstgeber ein paar Höfe weiter. Dort hat er eine Anstellung gefunden. Er war alleinstehend, ich weiß auch nicht, ob er überhaupt Angehörige hatte. Für mich gehörte Mathias zur Familie, ich kannte es nicht anders und war traurig.

Das zweite Mal war es Markus, der beim Nachbarbauern eine neue Arbeitsstelle fand. Auch Markus war, seit ich denken konnte, immer bei uns gewesen. Nur wenige Wochen war er bei den neuen Dienstherren, als er beim Streuziehen tödlich verunglückte.

Um Maria Lichtmess war auch die Zeit, in der immer genug Schnee lag und das vorbereitete Holz und die Waldstreu heimtransportiert werden konnten. Alles eher gefährliche Arbeiten im steilen Gelände mit nur einfachsten Mitteln – wie etwa einer »Fergel«, das sind vier oder fünf Holzkufen, an die zwei Meter lang, mit Querbalken zusammengehalten und vorne am Zug mit einer Riemenschlaufe und einen »Loatstecken« (Leitstecken), ein fester, etwa eineinhalb Meter langer Stock, der in das zu transportierende Heu oder Streufuder gesteckt wurde, um damit die Last auf den schmalen Riesen (Weg) zu steuern. Die Streu wurde von jedem nach eigenem Ermessen und seinen vermeintlichen Kräften aufgeladen. Markus fühlte sich immer stark und wollte es auch zeigen – das wurde ihm zum Verhängnis. Der Bauer hat gesagt: »Das Streufuder hat ihn an einem Baum erwürgt …«

Das Schönholz, die Bloch und das Schleifholz für die Papierfabrik wurden von den Händlern und Sägewerkbetreibern schon im Wald gekauft und abtransportiert. Waldstreu, Taxachstreu, Brennholz und das Nutzholz mussten selbst heimgebracht werden. Die Rinden für den Ledererzeuger wurden zur Bahn transportiert. Wenn dann die Ernte vom Vorjahr aus dem Wald daheim war, begann das Aufarbeiten. Viele Jahre wurde das mit der Handsäge gemacht, später hatte Vater eine Kreissäge, damit ging es natürlich viel schneller. Trotzdem dauerte es Wochen, bis das ganze Brennholz in der Holzhütte gestapelt war (immerhin mussten Küche und Stube vom frühen Herbst bis in das späte Frühjahr beheizt werden, schon der Kinder wegen, und die Räume waren groß), dann der Backofen, der Waschdämpfer, und im Herbst verschlang der Brennkessel ein erkleckliches Quantum an Brennholz. Ja, gekocht werden konnte auch nur auf dem Holzherd, eine andere Möglichkeit gab es nicht.

Das Nutzholz wurde zum Teil für Zäune aufgespalten – für den Pinzgauer-Zaun zu Stecken und »Giaschtn«, so heißen die Teile, die Stangen für den Stangenzaun gesäubert und an einem passenden Platz bis zum Gebrauch trocken aufbewahrt. Das Schindelholz wurde zu »Museln« verarbeitet (da wurden vom besonders gerade gewachsenen Schindelbaum ca. achtzig Zentimeter lange Stücke abgeschnitten und diese in acht Teile gespalten) und ebenfalls trocken gelagert. Gefertigt wurden die Schindeln meist zwischendurch, wenn gerade Zeit war.

Ganz »privater« Schleichhandel

Eine Begebenheit, die sich mit Kriegsende zutrug und im Laufe des ersten Besatzungsjahres im Spätherbst ans Licht kam, muss ich einfach erzählen, Fritz wird es mir verzeihen.

Wie schon berichtet, wurden beim Rückzug unserer flüchtenden Soldaten eine Menge zu deren Versorgung nötige Waren zurückgelassen, unter anderem auch Zigaretten – Sorte 3 in Hunderter-Packungen.

Zigaretten waren Mangelware. Als nun in der Holzhütte das Brennholz beträchtlich die Schwindsucht bekam (so die Bezeichnung des Vaters), weil nicht nur Küche und Stube geheizt werden mussten, sondern auch der Brennkessel (Schnapsbrennen war angesagt), holte sich Vater diesmal selbst das Holz zum Heizen für den besagten Brennkessel, ansonsten besorgten es die Kinder. Die schon zu diesem Zweck aufbereiteten Scheite, passend für den Brennkesselofen, waren gleich hinter dem Abort direkt an der Hauswand gelagert. Da kamen hinter dem Holzstapel besagte Zigarettenpackungen zum Vorschein. Wenn jemand anders das Holz geholt hätte, hätte Vater vielleicht gar nichts bemerkt. Nun musste Fritz zum Rapport – ob er wohl davon etwas wüsste? Fritz gestand reumütig, er habe die Zigaretten gefunden und hier versteckt. Das hätte Herr Draeg gesehen. Da dieser ein starker Raucher war, kaufte er Fritz die Zigaretten schachtelweise ab.

Für Fritz war das ein heimliches Zusatzeinkommen – das er verteidigte, indem er Vater erinnerte: »Vater, ich habe dir auch ein paarmal eine Schachtel gegeben.«

Vater hatte sich oft gewundert, woher Herr Draeg, unser Gast, immer die Zigaretten hatten.

In der Sulzau beim Weberhäusl wohnten auch Flüchtlinge, die sich so manche Mahlzeit im Schleichhandel besorgten, die auch von unserem Hof kam. Mutter hat ein weißes Leintuch auf den Tennengang gehängt, das war von dort, also von der gegenüberliegenden Seite des Tales, von dem Häusl gut sichtbar, eine kostenlose Nachricht, dass es etwas Essbares gab.

Weil das auch Fritz wusste, war die Rüge bald ausgestanden.

Das waren doch verständliche Argumente, oder?

Arbeitsfolge im Haus

Im Haus ging es nach Maria Lichtmess mit der Arbeitsfolge auch weiter. Abwechselnd einmal im Jahr kam der Schuster-Markus mit seinen Gesellen für ein oder zwei Wochen auf die Stör. Kaputte Schuhe wurden geflickt, auch neue gemacht. So etwa ab Februar teilten wir die Stube mit verschiedenen Handwerkern, das endete erst im Mai. Ebenso kam der Schneider ins Haus, meist waren es Hosen aus Lodenstoff, für Vater und die Buben ein Janker, das konnte er gut. Als dann die Skihosen in Mode kamen, erhielten auch die Mädchen Keilhosen mit breiten Trägern und einem Steg an der Ferse, damit die Hosen schön stramm saßen. Bevor es Frühjahr wurde, musste auch noch einmal die Näherin kommen, das Juli-Moidei oder die Lindl Katl. Je mehr Kinder es waren, umso länger hatten sie zu tun.

Einmal hat sogar ein Tischler seine Hobelbank in die Stube gestellt und dort einiges an Möbeln gemacht. Der Duft des Zirbenholzes zog durch das ganze Haus, und das fast einen Monat lang.

Wenn die Felder »aper«, also schneefrei, wurden und langsam grün, hieß es: »Zu Josefi (der Tag des heiligen Josef am 19. März) soll am Sonneberg ein Bauland sein«, das heißt ein umgepflügter Acker. Das war wohl eher eine Redensart denn Wirklichkeit; vielleicht traf es in niedrigeren Gegenden zu, denn um den 19. März war bei uns eher noch Winter.

Das letzte Heu aus den Stadeln wurde in die Scheune gefahren, der Mist auf das Feld, auch für den Krautgarten und für den Küchengarten brauchte es feinen Mist, wenn möglich aus der Waldstreu. Großmutter hatte da ein besonderes Auge darauf. Das war auch die Zeit der Frühjahrs-Schafschur. Die Tiere waren im Winter im Stall, daher war ihre Wolle nicht so ganz sauber wie im Herbst, wenn sie vom Birg (vom Gebirge, wo sie den Sommer über weideten) heimkamen. Also mussten die Schafe vor dem Scheren gebadet werden. Die große Holz-Badewanne wurde auf die Gasse vor der Waschküche gestellt, mit lauwarmem Wasser und ganz wenig Aschenlauge gefüllt, ein großer Bottich mit angewärmtem Wasser ohne Lauge und ein Eimer daneben.

Einzeln wurden die Schafe aus dem Stall geholt, in die Badewanne gehoben und vorsichtig gewaschen, sodass das Vlies ja nicht verfilzte, dann das Tier aus der Wanne gehoben und mit sauberem Schwemmwasser, ein bis zwei Eimer voll, abgespült und ins Freie entlassen. Geschoren wurden die Schafe natürlich erst, nachdem sie ganz trocken waren, dazu brauchte es einen warmen Frühlingstag. Die Wolle wurde in der Waschküche noch einmal ganz sorgfältig gewaschen, zum Trocknen auf dem oberen Balkon auf Tüchern ausgebreitet, nach dem Trocknen in Säcke gefüllt – auch eine heikle Sache, die die Mama von der Großmutter übernahm und beibehielt.

Das schöne lange Rückenvlies wurde abgesondert zum Spinnen und im Herbst zur Tratscherei in Mittersill gebracht, wo es zur Garnverarbeitung aufbereitet wurde. Die übrige Wolle, die nicht zu Strickgarn versponnen wurde, konnte umgetauscht werden für Lodenstoffe. Eine solche Umtauschstelle gab es in Bramberg beim Schneider Hans, eine andere in Mittersill beim Schläffer und eine weitere in Saalfelden, für uns unerreichbar wegen der Entfernung.

So wiederholten sich die Arbeiten im Jahreskreis wie die Zahnräder einer Uhr, die ineinandergreifen und den Zeiger weiterdrehen. Sicher hatten wir auch ruhigere Zeiten, aber große Lücken gab es keine.

Der Korbmacher war auch ein Handwerker, der das Frühjahr nutzen musste. Von den Bachweiden ließ sich jetzt die Rinde ganz leicht abschälen, wenn sie im vollen Saft standen. In der Stube stellte Hans (»Buas Hansei«) seine Schnitzbank auf, Fritz und Markus holten die Weiden und Haselruten, Vater richtete die Bodenbrettl – Brettchen, in die, je nach Form der Körbe, die Weidenstäbe gesteckt wurden für die Buckel-Körbe und »Stoazoal«, das sind kleine Körbe mit einem Henkel, die zum Aufsammeln der Steine auf den Feldern gebraucht wurden. Das musste jedes Jahr im Frühjahr geschehen, damit die Sensen im Sommer beim Mähen nicht beschädigt wurden. Neue Wieden (Trageschlaufen) aus starken Weiden wurden bei alten Körben eingezogen.

Wenn die Stube wieder frei war, konnte der Weber kommen, der Letzte in der Handwerkerreihe. Sein Webstuhl, die

Spulen und die zu verarbeitenden Garne nahmen den ganzen Platz in der Stube ein.

Der Weber Wast (Sebastian), ein geschickter, vielseitiger Mann, bevorzugte in seinem Beruf feines Leinen bei seiner hochwertigen Verarbeitung von allen anderen Websachen, die bis zum Fleckerlteppich reichten. Nach Beendigung seiner Arbeit war die Stube wieder frei und die Gäste konnten im Sommer einziehen. Am Abend, wenn es dunkel wurde, ließen wir die dunkelgrauen Papprollos herunter, danach erst durften die Petroleumlampen angezündet werden. Derartige Ängstlichkeit verursachten die Flugzeuggeschwader bei ihren abendlichen Rückflügen über die Berge.

Mit einigen Gästen von damals ist die Verbindung erhalten geblieben. Sie zählten dann auch zu den ersten Gästen nach dem Krieg. Über Erinnerungen wurde oft geredet. Zum Glück konnten alle über die petroleumzeitlichen Vorsichtsmaßnahmen von »damals« auch wieder lachen.

Wenn es Frühling wird

Im Stall regte sich das Leben an allen Ecken: Kälbchen kamen zur Welt, Lämmer und Zicklein, manchmal auch Ferkel. Großmutter oder Tante Moid hatte eine brütende Henne unter einen großen Korb auf mindestens acht Eier gesetzt, und der Hahn krähte noch lauter, weil er sich vermutlich auf seinen in ein paar Wochen zu erwartenden Nachwuchs freute.

Im Mistbeet wurden die Pflanzen gesät, der Garten meldete sich zur Stelle und somit der Beginn der Arbeit für ein neues Erntejahr auf Feld, Wiesen und im Wald. Gott haben wir gebeten, dass es ein gutes werden möge, mit einem Gang zum Wetterkreuz am »Pedaschttog« (zu Peter und Paul). Solche Wetterkreuze stehen im Umkreis von mehreren Bauernhöfen. Wir gingen meist mit den Seereinern und den Baxreinern (mit den Leuten von den Nachbarhöfen) zum Wetterkreuz oben auf den Wiesen.

Im Mai war auch »Boschen setzen« (Nadelbäume pflanzen) angesagt. Die Bauern, die eingeforstet waren, also mit einem rechtmäßigen Holzbezug, hatten auch die Verpflichtung, eine Arbeitskraft für die Baumpflanzungen im Wald zu stellen. Soweit ich mich erinnere, haben das meist Fritz und Markus gemacht, nur einmal war ich einen Tag dabei – warum, weiß ich nicht mehr. Alle meinten, dass das Boschensetzen keine unliebsame Arbeit sei, aber ich habe lieber im Garten gearbeitet.

Der Krautgarten wurde umgepflügt, mit viel Mist in den Furchen, danach abgehauen (die Scholle mit einer Haue zerkleinert), die Beete gezogen und dann nach und nach vorbereitet, wie gesetzt oder gesät wurde. Als Erstes die Saubohnen, dann die Früh-Erdäpfel, die Runkelrüben, die Rohnen (rote Rüben), dann das Weißkraut, davon eine Menge – Sauerkraut hatten wir bis ins späte Frühjahr. Blaukraut und der Karfiol hatten auch einen Platz, und als Letztes wurden die weißen Rüben gesät. Wenn die Pflanzen nach dem Aufgehen zu dick standen, wurden sie ausgelichtet, nur so konnten sich große kräftige Früchte entwickeln. Gleichzeitig mit dem Rübensamen kam auch der Mohnsamen in die Erde, das war das kleinste Fleckerl im ganzen Krautgarten, gerade so viel, dass es für den leckeren Mohnscheiterhaufen zu den Raunächten reichte und ein paarmal im Sommer, wenn zum Kochen wenig Zeit war, weil es ein schnelles Gericht ist.

Aus den Rüben machte man das Rübenkraut, auf der Hackbank hinter dem Haus wurden die sauber gewaschenen, von den kleinen Wurzeln und dem Strunk befreiten Früchte mit zwei Braxen, das sind ca. 40 Zentimeter lange Hackmesser, ganz klein gehackt, dann in einem etwa 15 Liter fassenden Holzfass eingesäuert. Zu Weihnachten war das Rübenkraut reif, es schmeckte ganz besonders gut zu »Fastenknödeln« (Rezept vorhanden). Zur ziemlich gleichen Zeit wie der lilafarbene, im Herz ganz dunkellila blühende Mohn blühte auch der Flachs, meist am Rande eines Getreideackers angebaut, in einem wunderschönen tiefen Blau auf etwa 50 bis 70 Zentimeter langen Halmen mit dichten, kleinen Blättern. Seit vielen Jahren halte ich vergebens nach solchen Farben Ausschau.

Die Möhren waren »Wanderer«. Wenn der Mist im Winter oberhalb der zwei großen Kirschbäume aufgehäuft wurde und bis zum Frühjahr dort liegen blieb, gab das eine kräftige Erde und einen guten Platz für die Möhren; der fetteste Platz an dieser Stelle wurde umgegraben, und zu Antoni – der Namenspatron von Anton – etwa Mitte Mai wurden die Möhren gesät, da wuchsen oft die schönsten Früchte. Wenn der Mist anderswo gelagert wurde, dann wanderten die Möhren halt in den Küchengarten neben den Schnittlauch, die Zwiebeln, Petersiel, Sellerie, ein wenig Lauch und viel Salat. Rund um den Zaun wuchsen die Kräuter, Eibisch und Wermut-Stauden, Pfefferminze, Krampf-Kamille, eine etwas größere und stark riechende Blüte, die eigentlich nur für das Vieh gebraucht wurde. Diese Staude vermehrte sich arg, ganz konnten wir sie nicht ausrotten. Die Kamillen wuchsen überall, wenn man sie ließ, alles wurde regelmäßig gesammelt, weil es einfach vonnöten war, nicht nur im Winter.

In der Mitte des Küchengartens gab es ein rundes Beet von gut einem Meter Durchmesser, in dessen Mitte die schönste Pfingstrose blühte, die ich kannte. Rundherum blühten die Gamsblümchen und auf einem Stock eine glänzende rote Kugel. Am südwestlichen Rand des Gartenzaunes standen die Ribiselstauden und eine Stachelbeerstaude. Nach dem Abräumen des Mistbeetes vor dem Kellerfenster wurden am oberen Rand des Beetes die Fisolen gesetzt, die, gestützt mit langen Haselruten, bis zum Balkon hinauf wuchsen. An diesen schnell wachsenden Pflanzen bildeten sich nach der Bohnenblüte lange Schoten, in denen ziemlich große, dunkel gefleckte Bohnen heranreiften. Diese wurden »ausgefieselt« (ausgepult) und auch getrocknet; im Winter eine Bereicherung im »Bettelmandl-Gulasch« mit Polenta (Erdäpfelgulasch: Rezept vorhanden). All diese Arbeiten waren nur möglich, solange die Tante Moid und die Großmutter mithalfen. Beide schauten, dass auch alles zur rechten Zeit geschah, das Anbauen, die Pflege, die Ernte und die Verarbeitung der Produkte und ihre Haltbarmachung für ein langes Jahr, bis die Natur und der Fleiß der Menschen wieder für neue Nahrung sorgten.

Nachdem uns diese lieben Menschen verlassen hatten, wurde der Garten verkleinert, nach und nach die Vielfalt verringert und dadurch die viele Arbeit, zu der auch die jährlich immer mehr zunehmende Vermietung an Gäste gehörte, mit den wenigen Arbeitskräften bis auf ein Minimum eingeschränkt. Später wurde, wohl aus besagten Gründen, auch im Stall die Vielfalt auf ein Minimum beschränkt, mit dem man ein Maximum an Ertrag erreichen wollte.

Nur ganz vorsichtig kann man da von der »guten alten Zeit« reden – wer von denen, die diese Zeit noch gut in Erinnerung haben, würde das Rad zurückdrehen wollen?

Das war so im Großen und Ganzen der Ablauf von Anbau und Ernte im Jahreskreislauf meiner Kindheit und frühen Jugend. Nicht chronologisch und ohne den geringsten Anspruch auf Vollständigkeit – dies würde mehrere Bücher füllen.

Großmutter erzählt

Wenn die Großmutter und ich abends schlafen gingen, beteten wir zusammen, und wenn sie nicht zu müde war, erzählte sie mir aus ihrem Leben. So erfuhr ich im Laufe der Jahre die Geschichte einer großen, bewegten Familie.

Der Gedanke an meine Großmutter ist so etwas wie ein Ankerplatz, an dem man das Lebensschifflein festbinden kann. Gepeitscht von den Stürmen und auch manchmal recht zugerichtet, hat mein Anker doch nie den Halt verloren.

Aus Dankbarkeit für die Liebe und Güte, auch Strenge, die sie mich gelehrt hat, und für alles, was sie mir auf den Weg in das Leben mitgab, will ich in Erinnerung an ihre Erzählungen einiges festhalten. Es ist ohnehin kaum zu glauben, was sich im Leben eines Menschen so alles zuträgt.

Großmutter und Großvater stammten beide aus dem Zillertal. Sie waren Cousins, und die Kirche hat einer Heirat nur zugestimmt, weil Großmutter schon 42 Jahre alt war und daher keine Kinder mehr zu erwarten waren.

Großvaters erste Frau war bei der Geburt des siebten Kindes gestorben. Sieben Jahre blieb er mit den Kindern und einer »Häuserin« (Haushaltshilfe) auf dem Klaffaugut, das er mit seiner ersten Frau erworben hatte.

An die Klaffau grenzen das Anwesen des »Grafen von der Recke« und das Haus der Frau Lenz, die Schwester der »Gräfin«. Großvater hat bei den »Gräflichen Herrschaften« oft gearbeitet und ist mit den Grafen auch auf die Jagd gegangen. So entstanden zu diesen Herrschaften eine gewisse Vertrautheit und eine gute Beziehung. Der Bauernhof Rechtegg wurde in dieser Zeit zum Kauf angeboten, mit einer großen Alm dabei. Großvaters Überlegung war, dass er diesen Hof mit seinen Kindern gut bewirtschaften könnte.

Er besprach sich mit dem Grafen wegen dieser Überlegung. Und der Graf riet ihm, Rechtegg zu kaufen und eine Jausenstation aufzumachen. Rechtegg ist ein Ausflugsziel, von drei Seiten in einer bis zwei Stunden gut erreichbar.

Also heiratete er meine Großmutter, zog auf das Rechtegg und tat, wie ihm der Graf geraten hatte: Sie eröffneten eine Jausen-Station. Großmutter gebar trotz ihres Alters noch vier Kinder. Ein Sohn und eine Tochter starben mit elf und zwölf Jahren an einer Blinddarmerkrankung, »Bauchgrimm« nannte man das. Meine Mutter war die Einzige, die aus zweiter Ehe am Leben blieb. Den Verlust und den wohl tragischen Tod der Kinder, das Jüngste starb mit zwei Monaten, hat Großmutter nie ganz verwinden können.

Großmutter hatte fünf Geschwister. Zwei Brüder wanderten nach Kalifornien aus, ein Bruder blieb in Krimml beim »Aujagergütl«, ein Anwesen mit etwa zwei Hektar großem Feld, das er sich von seinem Erbteil kaufte. Er blieb kinderlos.

Eine Schwester heiratete in das Zillertal. Ein Sohn dieser Schwester kam zurück in den Pinzgau, arbeitete beim »Ärar« und heiratete die Seerein Katl. Er hieß Peter Luxner.

Zwei Kinder der Luxner-Geschwister bekamen Kinderlähmung in jungen Jahren, eine Schwester erst im Alter von mehr als 30 Jahren, nur Peter war gesund.

Großmutters Schwester Katl war ein wenig sprachbehindert und hat auf einem Bauernhof als Kindsmagd gearbeitet. Die Großmutter nahm sie nach dem Tod der Eltern zu sich nach Rechtegg. So wie sie überhaupt die Tradition ihrer Eltern weiterführte, nicht immer zu Großvaters Freude. Ihr war es einfach selbstverständlich, dass man armer Leute Kinder, die an allem Mangel litten, zu sich nahm und wie die eigenen Familienmitglieder betreute.

Ein Bub, auch aus armen Verhältnissen, namens Reimund Zingerle war bei ihren Eltern auf dem Bauernhof in Krimml aufgewachsen. Weil dieser Reimund so talentiert war, ließen ihn Großmutters Eltern eine Tischlerlehre machen; für eine Lehre musste damals bezahlt werden. Reimund wurde Tischlermeister und siedelte sich in Neukirchen an.

Zu Weihnachten und zu Ostern, wenn die Großmutter nach Neukirchen in die Kirche ging, durfte ich mitgehen. Zu

Weihnachten gingen wir »Kripperl schauen«, sie legte da ein paar Eier oder ein Stücklein Butter in die Krippe. Am Ostersamstag zur Auferstehung das Gleiche – nach dem Gottesdienst, wenn die Kirche leer wurde, legte sie ihre Gaben auf das Tischchen hinter dem Speisgitter.

Ein besonderes Weihnachtserlebnis war, wenn wir dann den Reimund, seine Frau und seine Tochter Marianne besuchten. Das Mädchen war ein Einzelkind, mit allem Luxus, wie es mir vorkam, ausgestattet: ein wunderschöner Christbaum mit elektrischen Kerzen und Engelhaar, zwei große Puppen mit Schlafaugen, wie Prinzessinnen auf einem Diwan sitzend zwischen bunten Kissen und einem roten Teppich davor. Wir bekamen eine Suppe und ein Schälchen Kekse. Das erklärt die Beziehung zu der Familie Zingerle und der Tochter Marianne. Diese Marianne hat einen Besatzungssoldaten geheiratet und ist mit ihm nach Amerika gezogen. Das Glück war leider nicht mit ihr, es war ihr keine gute Zeit beschieden; sie hat mir öfter geschrieben und mir ihr Leid geklagt.

Eigentlich bin ich froh, dass die Großmutter das nicht mehr erlebt hat und friedlich in ihrem Glauben und ihrer Weltanschauung »heimgehen« konnte. Für sie sind alle Verstorbenen »heimgegangen« (für mich auch).

Großmutter erzählte weiter:
Die Jahre vergingen, der Erste Weltkrieg kam, die Söhne aus erster Ehe mussten einrücken. Der Jüngere, Andreas, fiel am Isonzo in Italien. Der Ältere, Johann, kehrte aus den Dolomitenkämpfen einigermaßen unversehrt zurück. Zwei der vier Töchter traten, eine »Tagreise« (Fußmarsch) von zu Hause entfernt, einen Dienst an und lernten ihre Männer kennen, einen Uhrmacher die eine, einen Gastwirt und Metzger die andere. Dieser war nicht viel Gutes beschieden. »Armes Mädel!«, hat Großmutter oft gesagt, wenn sie sie allabendlich in ihr Gebet einschloss. »Die wäre besser ins Kloster gegangen,

sie wurde nicht glücklich in ihrer Ehe. Ihr Leben wurde geprägt von ständiger Geldsorge, verschuldet durch unglückliche Geschäfte ihres Mannes. Ihr Vater half als Bürge und wurde selbst zum Opfer und mit ihm seine Nachfolger.«

Die Jüngste von den vier Mädchen aus Großvaters erster Ehe, Kathl, war die Mutter von der späteren Frau Eichinger – ihr Kind war unterwegs und der Kindsvater Johann musste einrücken, daher wurde auch das Mädchen Maria unehelich geboren.

Kathl, die Mutter, starb mit 23 Jahren. Zu dieser Zeit kursierte eine schreckliche Grippe, daran sind damals viele Menschen gestorben. Das mutterlose Mädchen wuchs beim Nudlerbauern auf dem elterlichen Anwesen des Vaters Johann Schweinberger auf. Die älteste Tochter Maria (Tante Moid) blieb auf dem elterlichen Hof, ihr Bräutigam ist im Ersten Weltkrieg gefallen, und sie wurde Mamas größte Stütze.

Als ich Großmutter einmal nach ihren Brüdern in Amerika fragte, seufzte sie ein wenig, legte ihre faltigen Hände in den Schoß und erzählte: »Simon und Jakob haben oft geschrieben, sie haben mich gebeten, nachzukommen. Sie haben in Minen gearbeitet und gut verdient, ein Haus gebaut und hatten eine dunkelhäutige Wirtschafterin. Ans Heiraten dachten sie nicht.« Sie hatten ihr auch das Reisegeld geschickt, aber sie wagte es nicht – nach allem, was sie aus Erzählungen über die Fahrten mit Schiffen auf dem Meer erfahren hatte –, diese Reise anzutreten. Von dem Reisegeld hat sie einem armen »Häusler-Kind« einen Taubstummenunterricht bezahlt. Ein Priester hat das möglich gemacht.

Einmal habe ich sie gefragt, ob sie es nie bereut habe, nicht nach Amerika gereist zu sein.

»Nein!«, sagte sie – und nach einer Pause: »Nur das Meer, ja, das Meer hätte ich gerne gesehen.« Mein Gott, wie leicht wäre heute dieser Wunsch erfüllbar!

Großmutter hat mir auch oft vom Großvater und ihrem gemeinsamen Leben erzählt. Er war ein tüchtiger Bauer und Vater von acht damals noch lebenden Kindern, eine große Familie also. »Das Fortkommen seiner Kinder war ihm die größte Sorge«, erzählte Großmutter. »Trotz allem Fleiß haben Zeit und Schicksal ihn auf seinem Sterbebett noch mit Kummer erfüllt und sagen lassen: ›Sterben wäre mir leicht, wenn ich wüsste, dass ihr auf dem Hof bleiben könnt.‹«

Das Schicksal – der Weg, der vorgegeben ist, wie ich ganz fest glaube – hat Großvater kein leichtes Leben beschert.

Nachdem Hans, sein ältester Sohn, aus dem Ersten Weltkrieg heimgekehrt war, war es auch Zeit für Hans, eine Familie zu gründen. Er hat geheiratet und ist mit seiner Frau und ihren zwei unehelichen Kindern auf Rechtegg gezogen. Arbeit gab es ja genug und Platz war auch.

(Hans hatte auch einen unehelichen Sohn – warum er die Mutter seines Kindes – Karl – nicht geheiratet hat, weiß ich nicht. Ob Persönliches oder Kriegsereignisse eine Rolle spielten?)

Von Großvaters Kindern aus zweiter Ehe lebten damals noch drei – Sabina, Seppl und Anna. Es ging nicht gut mit den zwei Familien, die Schwiegertochter forderte von Anfang an ihre Rechte ein.

Und wie es so sein will, wurde das angrenzende Moosengut zum Kauf angeboten. Die Eheleute sahen darin die Lösung für sich und die drei Kinder, auch für Hans und seine Familie, und kauften das Moosengut, zogen zusammen mit der ältesten Tochter Maria auf Moosen und wollten da in Frieden leben und wirtschaften. Das war ihnen nicht so beschieden – zwei Kinder, Seppl und Sabina, starben mit 11 und 12 Jahren und das verbürgte Geld an Tochter und Schwiegersohn wurde nicht zurückbezahlt.

Im dritten Jahr auf dem Hof brannten im Sommer 1933 Stall und Haus ab. Anna, meine Mutter, ich (ich war schon gut eineinhalb Jahre alt) und ihre Schwester Moid haben in der Kammer hinter der Stube geschlafen. Wie mir die Mama erzählte, bin ich wach geworden, weil ich aufs Topferl musste. Vom Stall her kam ein ganz heller Lichtschein; sie weckte ihre Schwester, und diese rief sofort: »Da brennt es!«

Sie weckten Vater und Mutter, Mathias und Markus. Sie konnten gerade noch rechtzeitig aus dem Haus fliehen, mit den Kleidern, die sie noch zusammenrafften konnten, ehe der First einstürzte. Alle Papiere und Habseligkeiten wurden vom Feuer vernichtet. Durch solche Katastrophen, wie das zweifellos eine war, geht Unwiederbringliches verloren.

Die neuen Gebäude, Haus und Stall wurden innerhalb eines Jahres so weit aufgebaut, dass es für Menschen und Tiere wieder bewohnbar wurde. Eine mir fast unvorstellbare Leistung aus heutiger Sicht. In der Zwischenzeit war die ganze Familie auf die Nachbarschaftshilfe angewiesen.

Das Material für die Gebäude war Holz. Die Bäume wurden frisch im Wald geschlagen und mit einer kleinen Wandersäge und mit Holzbeilen für den Blockbau zugerichtet und gefertigt. Alles händisch ohne Strom und technische Hilfen.

Meine Mama war 22 Jahre alt, als Großvater starb, und sie wusste noch nichts von den finanziellen Sorgen ihres Vaters, der vor ein paar Jahren, bevor Haus und Stall abbrannten, seiner Tochter und seinem Schwiegersohn, dem Gastwirt und Metzger, eine Bürgschaft mit dem erst vor kurzem gekauften Moosen-Gut geleistet hatte. Auf Treu und Glauben, dass in zwei Jahren die Schuld abgedeckt werden würde, hatte er zwei Drittel seines Hofes verpfändet. Die Schuld wurde nicht bezahlt. Großvater konnte nicht mehr helfen. Er wurde krank und starb bald darauf. Seinen Kummer und die Sorgen um seine Familie nahm er mit ins Grab. Großmutter klagte manchmal und litt sehr darunter, dass ihr ganzes Erbteil und auch das ihrer Schwester, das sie in Krimml auf der Raiffeisenkasse gehabt hatten, bei der Weltwirtschaftskrise 1929 verloren gegangen war. Mit diesem Geld hätte sie die meisten Sorgen wegwischen können.

Wenn sie doch ihr Erbe, das sie von ihren Eltern bekam, Großvater gegeben hätte und dadurch Teilhaberin auf Rechtegg geworden wäre – was wäre anders gekommen und wie? Die »Was-wäre-wenn?«-Frage bleibt auf ewig unbeantwortet.

Der Nationalrat und Landwirt und Aufsichtsrat in dieser Bank hatte ihr erklärt und geraten: Wenn sie das Geld auf der Bank liegen ließe, habe sie immer ein Zusatzeinkommen, wenn es einmal am Hof nicht so gut laufen würde.

Das Geld zerrann in Nichts, und am Hof lief es schlecht.

Meiner Mutter blieb die ganze finanzielle Tragik als Hof-Erbin nicht lange verborgen. Noch ehe der Großvater zu Grabe getragen war, kamen die ersten Gläubiger und meldeten ihr Guthaben an. Schon am Tag der Beerdigung holten sie ein Stück Vieh aus dem Stall.

Das handschriftliche Testament der Großeltern, das nach dem Moosen-Kauf verfasst worden war, mit der Regelung der Trattenbachalm, wurde nach Großvaters Ableben nicht aufgefunden.

Als die drei Frauen, Großmutter, meine Mutter und die Tante Moid, Mamas Schwester, bald um das ganze Ausmaß der Verschuldung wussten, begriffen sie, dass der Hof so gut wie noch einmal gekauft werden musste.

Resigniert und aufgegeben haben sie nicht! »Besser den Hof halten als irgendwo neu beginnen«, so lautete ihr Motto. Und so kamen sie überein: Wenn sie zusammenhielten, würden sie es mit Gottes Hilfe schon schaffen.

Nun verstand meine Mama wohl besser, warum ihr Vater so gegen den Vater ihres Kindes gewesen war. »Ein arbeitsloser Handwerksbursch und noch dazu aus Wien!« An eine Ehe war nicht zu denken, trotz der Schande eines unehelichen Kindes. Wien, das war ja so weit, und wer wusste schon etwas über den Lebenswandel der Stadtleute? »Ausgerechnet der muss es sein, und die jungen tüchtigen Bauern weist sie ab!« Solche und ähnliche Art Schimpf musste sie meinetwegen ertragen. Sogar beim Pfarrer für die Ungehörigkeit, dass sie meinen Vater geliebt hatte, sollte sie Abbitte leisten. Mama hat sehr unter diesen Demütigungen gelitten, weil solche auch noch vonseiten ihres Onkels kamen.

Großmutters Bruder, der mit seiner Frau das »Aujager-Gütl« bewirtschaftet hatte und kinderlos war, hätte laut Großmutters Wunsch mein Pate werden sollen, somit hätte ich – als nicht gewünschtes Kind – einen Kinderwunsch erfüllt und wäre sozusagen versorgt gewesen. Durch einen »Formulierungsfehler« in der Bittschrift meiner Mutter an den Onkel um die Patenschaft hat er diese Verantwortung ablehnen müssen, ansonsten hätte es ihm zur Freude gereicht.

So wurden Mamas Bruder auf Rechtegg und ihre Schwägerin Pepi meine Paten.

Vater: Vieles erzählte mir auch meine Mama in späteren Jahren. Mein Vater versuchte inzwischen einen Neubeginn in Wien als Schlosser und wollte meine Mama zu sich holen. Das las ich in einem Brief an meine Mama, der sich in ihrem Nachlass fand, lange nach ihrem Tode.

Bei der Auflösung von Mamas Nachlass fanden sich in einer Schachtel ihre persönlichen Schriftsachen, darunter auch Briefe von meinem Vater, von der Großmutter und einer Schwester von ihm, an Mama adressiert.

Auf einem Umschlag, der ziemlich neu aussah, stand mit Tintenblei in Mamas Handschrift: *letzter*.

Die Briefe haben ein wenig Licht in diese »Warum-Frage« gebracht – die Frage, warum der Kindesvater für eine Ehe nicht in Frage kam und von der nicht einmal meine Mama etwas Näheres gewusst hat. Es war sicher nicht nur das Geld alleine.

In einem Brief meines Vaters steht zu lesen – hier nicht wörtlich zitiert, nur dem Sinne nach festgehalten.

»Bei meinem Dienstantritt händigte ich meinem neuen Arbeitgeber, dem Rechteggbauer, meine Papiere aus. Bei diesen lag auch ein Schreiben über meine Mitgliedschaft einer Freimaurerloge (namentlich benannt), in Englisch verfasst. Mit der Erläuterung der Gesinnung dieser Vereinigung, die unter anderem lautet: ›Freiheit, Gleichheit und Brüderlichkeit‹.«

Auch ein Brief von meinem Bruder, der mir über den Wahlkampf vom Mai 1927 berichtet hat, lag dabei. »Ich habe den Rechteggbauer ersucht, meine Papiere mit den anderen Schriften in Verwahrung zu nehmen, mangels eigener Möglichkeit.« (Daraufhin habe ich eine Kurzfassung, »Freimaurer in 60 Minuten«, besorgt, um überhaupt einen Einblick in diese Denkweise zu bekommen.)

Freimaurerei ist eine uralte und langlebige Vereinigung auch hochgestellter Personen, über die es viel Literatur zum Für und Wider zu lesen gibt. Die Kirche hat diese Vereinigung verboten – Großmutter und Großvater waren sehr gläubige und aufrechte Christen und hielten sich nach dem Gesetz.

Im Brief steht auch: »Großvater wird sich mit dem Pfarrer oder eher noch mit dem Grafen, mit dem er öfter auf die Jagd ging, darüber besprochen haben.«

Auf jeden Fall war das auch ein Grund gewesen, seiner Tochter eine Ehe mit ihm zu verbieten.

Hätte Mama eigentlich gewollt, dass ich den Brief lese? Ich hoffe es. Sonst hätte sie diesen und einige andere verbrannt – glaube ich halt.

Mamas Wunsch war, dass »ihre Schreibereien« – die in der Schachtel – in ihren Sarg gelegt werden, wenn sie stirbt, damit diese mit ihr begraben werden. Sie starb im Krankenhaus und dieser Wunsch konnte aus gesetzlichen Gründen nicht erfüllt werden. Ich werde die Briefe verbrennen und die Asche mit mir in unser Grab auf dem Friedhof unter die Erde bringen.

Mein Vater hatte in Wien einen Neubeginn im Schlossergewerbe gewagt und wollte meine Mutter und sein Kind zu sich heimholen. Zwei so verschiedene Welten, die da durch weltgeschichtliche Ereignisse (mit der Geldentwertung und als Folge Arbeitslosigkeit) aufeinandergetroffen sind, ließen sich wohl schwer beschreiben, auch wenn genaue Einzelheiten bekannt wären.

Ein Gefühl der Dankbarkeit meiner Mutter gegenüber begleitet mich auf meinem ganzen Lebensweg. Sie hat mir trotz des gegenteiligen Wunsches ihrer Eltern den Weg zu meinem Vater und den Wiener Angehörigen offen gehalten.

Meiner Mama blieb keine andere Wahl, als einen tüchtigen Bauern zu heiraten. Die große Liebe war es nicht, daraus machte sie keinen Hehl. Aber was, wenn sie nach Wien gegangen wäre, was wäre aus der Mutter, der Schwester und Tante geworden? Und Mathias und Markus hätten sicher nicht auf dem Hof bleiben können – Menschen, für die sie als Hoferbin, auch wenn dieser gänzlich verschuldet war, Verantwortung trug. Die Schande, diese Menschen allein zurückzulassen, hätte sie nie, auch um der Liebe willen nicht, auf sich genommen.

Ein Hof ohne Bauer ist wie ein Stall ohne Vieh. Sechs Jahre nach meiner Geburt hat meine Mutter geheiratet. Es kamen noch acht Kinder, sechs Töchter und zwei Söhne.

Noch ein Ferienerlebnis in Wien

Friedrich, Sohn von Josefonkel und Minatante – die Schwester meines Vaters – war der Einzige, mit dem ich über mich selber sprach, meine Gefühle, Träume und Wünsche. Auch über Probleme und Existenzängste. Wir haben uns ausgetauscht, leider viel zu selten. Briefe und Ansichtskarten gibt es auch nicht mehr von ihm. Er hat uns schon seit Langem verlassen, seine Reise war zu Ende.

Jetzt versuche ich so nah wie möglich von ihm und meinem Leben zu berichten.

Vielleicht ist es einmal für meine Nachkommen (wenige sind es) von Interesse, etwas von nahen Angehörigen zu erfahren, die in zwei so ereignisreichen Jahrhunderten gelebt haben, in so unterschiedlichen Verhältnissen mit Veränderungen, die kaum noch einmal auf solche Art in einer so kurzen Zeitspanne möglich sein werden.

Fotos und Museen, die vieles aus dieser Zeit belegen, gibt es genügend.

Im Sommer 1941 bin ich drei Wochen in den Sommerferien bei meinen Großeltern väterlicherseits in Mannersdorf gewesen. Sie wohnten im Fabrikshaus mit ein paar anderen Parteien. Mein Großvater war Werksleiter in der dortigen Zementfabrik.

Ein Schrebergarten gehörte zu dieser Wohnung, in dem alles wuchs, was ich von zu Hause kannte. Aber auch einiges mir Unbekanntes wie Tomaten, Paprika, gelbe und grüne Stangenbohnen, und auch einen Quittenbaum gab es da. Für Marmelade sorgte Großmutter. Am Rande der Gartenanlage wuchsen große Dirndlsträucher (Kornelkirschen) voller Beeren, längliche rote, säuerliche Früchte, noch nicht reif zum Ernten.

Zwischen dem Fabrikshaus mit dem Vorgarten und dem gegenüberliegenden Schwimmbad verlief eine wenig befahrene Straße. Ein Auto sah ich selten, ab und zu brauste ein Motorrad durch und Fahrräder, heute nennt man diese Modelle »Waffenräder«. Warum?

Vom Schwimmbad in Mannersdorf und unser beider Großeltern hat mir Friedrich oft erzählt. Als Kind weilte er viele Wochen in den Sommerferien bei ihnen. »Draußen auf dem Land«, hieß es. (Friedrich nenne ich den Eibl Fritz, um eine Verwechslung mit den Ziehbruder Fritz zu vermeiden.) Das Schwimmbad war wunderschön und riesig groß, kein Vergleich mit dem Schwimmbad in unserer Schulgemeinde, geradezu ein Paradies. Die Schneiderin Mitzitante nähte mir einen Badeanzug, schwimmen konnte ich ein wenig, in der Hitlerzeit stand Sport hoch im Kurs.

Die Nachmittage verbrachte ich im Bad. Nicht weit weg vom Haus war der Greißler, ein Konsumgeschäft, ein paar Häuser weiter ein Milchgeschäft und der Bäcker.

Großmutter brauchte für alles Lebensmittelmarken und ging sehr sparsam damit um.

An einem Wochenende holte mich Friedrich nach Wien. Wir machten einen Ausflug in den Prater und eine Fahrt mit dem Riesenrad, ein unglaubliches Erlebnis. Ein Besuch beim Kasperl, »dem Wurschtl«, war natürlich auch dabei.

Am Abend zu Hause bei Friedrichs Eltern spielten wir »Mensch ärgere dich nicht«.

Minatante hat mir Strümpfe aus Baumwollgarn gestrickt und einen Pullover, sie war Stricker-Meisterin und übte diesen Beruf in Heimarbeit aus.

Nach dem abendlichen Waschen in der Küche – ein Bad gab es keines, nur hinter einem Vorhang eine Sitzbadewanne – legte sie meine Kleider auf einen Stuhl neben dem Bett im Kabinett, die Schuhe und das kleine Köfferchen mit den neuen Sachen stellte sie daneben. Dann gingen wir alle schlafen. Irgendwann in der Nacht weckte mich Minatante: »Ganz schnell aufstehen und anziehen!«

Sirengeheul hörte ich und wusste nicht, was los war.

Friedrich hatte einen Rucksack und einen Mantel (mitten im Sommer), er nahm mich an der Hand, in der anderen trug er mein Köfferchen und lief eilig mit mir vom 3. Stock in den Keller. Dort hielten sich schon mehrere Hausbewohner auf. Friedrich besetzte einen Platz für seine Eltern und seine

Schwester Pepperl. Der Keller war ein großer, langer grauer Raum. Wir setzten uns auf Klappstühle. Auf der dunklen Decke über uns war mit weißer Farbe ein Totenkopf aufgemalt.

»Was bedeutet das da auf der Decke, Friedrich?«

»Das war sicher nur ein Spaß, der Onkel Karl eingefallen ist.«

Onkel Karl war auf Fronturlaub zu Hause gewesen. Während eines Besuches bei seiner Schwester (der Minatante) heulten auch die Sirenen und sie mussten alle in den Luftschutzkeller; dort befanden sich zu Anfang des Krieges noch allerhand Arbeitsutensilien vom Hausmeister, der auch zum Kriegsdienst gerufen worden war. Vermutlich waren auch Farbe und Pinsel dabei, die der Onkel für den makabren Spaß, einen Totenkopf auf die Decke zu malen, benutzt hat.

Die Leute waren alle ganz ruhig, Kinder drängten sich ganz eng an ihre Mütter, einige Frauen verbargen ihre Gesichter in den Händen. Alles war irgendwie zum Fürchten.

Das laute Aufheulen der Sirenen drang in den Keller.

»Tiefflieger!«, sagte jemand. »Bomben!«, meinte ein alter Herr.

Es war wieder alles ruhig. Nach einiger Zeit ertönte abermals die Sirene, ein Aufatmen ging durch den Raum und alle gingen wieder in ihre Wohnungen.

Ich war froh, dass mich Friedrich am nächsten Tag wieder nach Mannersdorf brachte.

Nach ein paar Tagen und langer Verabschiedung von den Tanten und Großeltern fuhr Friedrich mit mir zum Westbahnhof. Im Bus dorthin war es eng und heiß.

Am Bahnhofsschalter löste er für mich eine Fahrkarte.

Am Bahnsteig warteten wir auf den Zug. Aus dem Waggon, der auf einem Gleis abgestellt war, stiegen Männer aus, teilweise mit verbundenem Kopf, Armen oder Beinen, und wurden in ein Lazarettauto gebracht. »Verwundete Soldaten«, erklärte Friedrich.

»Morgen muss ich wieder in die Remise« – Friedrich wurde Eisenbahner – »und nächstes Jahr komm ich wieder zu euch, vielleicht kann auch Pepperl mitkommen.«
Dann fuhr der Zug ein und Friedrich ging mit mir in das Abteil im Waggon und bat den Schaffner, er solle mir in Zell beim Aussteigen behilflich sein und mich zum Pinzgauerzug begleiten.

Wieder zu Hause, brauchte ich lange, um das Erlebte zu verarbeiten. Meinen richtigen Vater, der in Wien lebte, hatte ich dieses Mal nicht gesehen, er arbeitete in einer Munition oder sonstige Kriegsgeräte erzeugenden Fabrik, sicher nicht freiwillig. Die »Eibl-Familie« ist tief in meinem Herzen verankert. Sie war es, die aus meines Vaters Familie mein Aufwachsen begleitet hat.

Fast jeden Sommer kamen sie ein paar Wochen zu uns, auch dann noch, als Mama verheiratet war. Mein Ziehvater verstand sich gut mit dieser Familie.

Mein Dasein war durch meine uneheliche Geburt ein wenig komplizierter und meine Mutter hatte, wie schon erzählt, damit ihre Last und manchen Kummer, der an Demütigung grenzte, zu ertragen.

Würde heute ein Priester auf dem Taufschein eines unehelich geborenen Kindes den Teil für die Datenangabe des Kindsvaters einfach mit einem dicken Strich quer durchstreichen? Wenn ein Vater darauf wartet, anerkannt zu werden?

Oder müsste heute eine Mutter in dieser Lage dem Pfarrer reumütig Abbitte leisten dafür, dass sie den Vater ihres Kindes geliebt hat?

Nein, sicher nicht.

Aber es sind auch achtzig Jahre vergangen und die Welt ist eine andere geworden.

Wiener Besuch

Im Herbst 1946 bekamen wir unerwartet Besuch aus Wien. Es war die Annatante, die Schwägerin meines Vaters, wohl eine ganz neutrale Person für die Aufgabe, die ihr aufgetragen war. Sie brachte Grüße von den drei Tanten, den Schwestern meines Vaters. Sie sollte für mich den Weg ebnen, eine Schneiderlehre bei der Mitzitante machen zu können. Ich könnte bei ihr wohnen, und sie würde sich um alles kümmern. Meine Mama brauchte nur zu sagen, wann ich anfangen könnte.

Als sie uns das eröffnet hatte, schlug mir das Herz bis zum Hals. In mir tobte ein Sturm, als müsste der Frühling den Winter vertreiben. Behutsam hatte sie das Anliegen, in dessen Mission sie zu uns kam, meinen Eltern und mir vorgebracht.

Ich wusste, ohne viel zu fragen, dass die aufkeimende Freude zum Schweigen gebracht werden musste. Am zweiten Abend nach der Ankunft der Annatante nahm mich meine Mama zu sich in die Küche, als gerade ein günstiger Augenblick war und wir alleine reden konnten.

Sie erzählte mir, dass mein Großvater meinem Vater, nachdem sie, seine jüngste Tochter, also meine Mama, ein Kind erwartete, ganz einfach jeden Kontakt zu ihr und dem Kind (zu mir also) verboten hatte. Warum? War das Bauernstolz oder wusste sie zu wenig über ihren Geliebten? Sie hat ja die ganze Wahrheit erst nach Großvaters Ableben erfahren

Mein Vater hatte in der Zeit, als er hier war, auch Freunde gefunden. Durch diese Freunde wusste er ziemlich genau Bescheid über unsere Familie. Vor allem aber durch seine Schwester und deren Familie Eibl, die, wie ich schon erzählt habe, viele Jahre für ein paar Wochen im Sommer zu uns kamen und ihren Urlaub verbrachten. So versuchte er wenigstens, mir eine Berufsausbildung angedeihen zu lassen, wenn ein schulischer Bildungsweg schon nicht möglich war. Er war inzwischen auch verheiratet und nicht mehr alleiniger Herr über seine Wünsche. Es war auf jeden Fall sein Bestreben, mir durch eine Ausbildung einen Start in das Leben zu geben. Ganz früh habe ich für meine Geschwister so ziemlich alles genäht. Ich war eine gute Handwerkerin, auch darüber wusste mein Vater Bescheid. Deshalb wohl der Plan mit der Schneiderlehre. Über all diese Dinge haben sich die Annatante und meine Mama ausgesprochen.

Meine Mama hat der Annatante auch ihre Lage geschildert, jedoch alles meiner Entscheidung überlassen. Ich sollte es mir überlegen und eine Nacht darüber schlafen, dann meinen Entschluss mitteilen. Die Tränen in Mamas kummervoll blickenden Augen waren nicht zu übersehen.

Die Annatante fuhr zurück nach Wien, ich blieb daheim, und der Lauf des Lebens ging in den mir bestimmten Bahnen weiter.

Landarbeiterin

Ab 1945 bis September 1952 war ich als Landarbeiterin am Gemeindeamt angemeldet; dieser Berufstitel stand dann auch in meinem Pass. Es hätte sicher besser ausgesehen, wenn »Schneiderin« dagestanden hätte.

Die Feldarbeit war im vollen Gange, das Getreide angebaut, die Kartoffelsaat unter der Erde, und Vater war gerade dabei, die Wiesen zu eggen. Bald könnten wir dann den Rest vom Stroh wieder aufheuen. »Mistaufheuen« nennt man das, damit so wenig wie möglich verrottetes Stroh und Zweige von der Streu, Taxach-Streu (Reisig) im Heu bleibt.

Eines Abends holten mich meine Eltern, das heißt meine Mama und mein Ziehvater, in die Stube und sagten mir, dass eben mit diesem Schuljahr meine Schwester, gut 6 Jahre jünger als ich, die Schule beenden würde. Ich könnte mir im Herbst eine Arbeit suchen und endlich Geld verdienen. Außerdem hatte Vater einen Mäher gekauft, also brauchten nur noch die steilsten Wiesen mit der Sense gemäht zu werden, das sei dann doch viel weniger Arbeit.

Ich war ja nun bald volljährig und konnte selbst entscheiden. Damals war man erst mit 21 Jahren volljährig.

Und mit vierzehn Jahren war die Volksschule beendet.

Glück hatten jene, die eine Lehre machen konnten, während die Bauernkinder meist nur Hilfskräfte auf den Höfen blieben. Außerdem konnten Schüler ab dem 12. Lebensjahr einen Monat vor den offiziell beginnenden Sommerferien »sommerbefreit« werden, wenn sie auf dem Hof zur Heuernte gebraucht wurden.

Der Besuch einer Hauptschule war kaum möglich, diese gab es nur in Mittersill, ca. 20 Kilometer von unserem Ort entfernt, und die Zugverbindung war äußerst mangelhaft. Da die Schule um acht Uhr begann, hätten die Kinder mit dem Lastzug um fünf Uhr früh am Bahnhof sein müssen; der Zug brauchte nämlich zwei Stunden für diese Strecke, weil auf den Haltestellen oft zu- oder abgeladen wurde.

Der Personenzug ging erst um neun Uhr. Es waren ganz einfach die damaligen, kaum mit Wegen erschlossenen Gebiete unserer Region und das Fehlen der Mobilität sowie das Fehlen öffentlicher Einrichtungen, die zu diesen Problemen führten. Das hat sich in den folgenden Jahren, mit dem beginnenden Fremdenverkehr, schleunigst gebessert.

Als ob es heute wäre, weiß ich noch, wie mir zumute war in meiner Kammer, die ich mit Tante Kathi teilte, wusste ich doch nicht, ob ich weinen oder mich freuen sollte.

Und was geht in den Eltern vor, einer Mutter, die nur die Arbeit kennt und kaum eine Nacht durchschlafen kann, weil das letzte Kind noch nicht aus den Windeln ist, wenn sich ein neues Leben ankündigt – wenn sie dann das Kind, das ihnen eine Hilfe ist, entlassen soll, weil es seinen eigenen Weg finden muss? Und die Eltern keinen anderen Ausweg sehen, als Arbeit bei fremden Leuten anzunehmen, um damit das nötige Geld für den eigenen Lebensunterhalt zu verdienen?

Seit meiner Schulentlassung im Mai 1945 (Schulbeginn 1938) hatte ich auf dem elterlichen Hof gearbeitet. Ziemlich orientierungslos schaute ich mich nach einer Arbeit um. Ich glaubte, das Beste in der Schweiz zu finden; viele junge Leute fuhren damals in die Schweiz zum Arbeiten, vor allem Mädchen. Als Hausangestellte bekam ich in einem Geschäftshaushalt meine erste Stelle. Ich habe viel gelernt und den Weg ins Ausland nie bereut. Was ich später sehr wohl bereut habe, war, dass ich nicht in die italienische oder französische Schweiz gegangen bin, um zugleich die Sprache zu lernen; das wäre leicht möglich gewesen. Leider war ich viel zu unwissend und kannte auch die geografische Lage der Schweiz nicht. Ich hätte auch nicht gewusst, wo ich Informationen bekommen könnte, außer bei denen, die schon einen Arbeitsplatz in diesem Lande hatten.

Ich verließ mein angestammtes Nest, fand meinen Weg und baute mir zusammen mit meinem damals noch unbekannten Mann sechs Jahre später ein neues.

Nicht anders als meine Geschwister, weil einfach nur einer auf dem Hof Nachfolger werden kann.

Fahrt in die Schweiz

Ende August 1951 war es dann so weit: Mit meinem Köfferchen, einer selbst genähten Handtasche und einem Mantel, um nicht zu sagen »Mäntelchen«, ging ich frühmorgens zum Bahnhof. Ich war froh, dass meine Geschwister noch im Bett waren, es fiel mir schwer genug, mich von Mama und Vater zu verabschieden.

Damals war beim Frühzug der Bahnvorstand selbstverständlich am Schalter zur Fahrkartenausgabe. Es war außer mir nur noch ein mir unbekannter Mann im Warteraum. Am Schalter verlangte ich eine Fahrkarte in die Schweiz, nach St. Gallen.

»So, in die Schweiz, eine Rückfahrkarte wirst wohl auch brauchen?«

»Nein, ich weiß nicht, wann ich zurückfahre.«

Ich bekam, was ich wollte, der Bahnvorstand sah mich lange an, fragte dann, ob ich ein Visum hätte, und wünschte mir alles Gute. Der Mann im Warteraum mischte sich ein: »Du fährst auch in die Schweiz, hast dort eine Arbeit gefunden?«

»Ja.« Ein flaues Gefühl in der Magengegend ließ mich nicht recht gesprächig werden. Dann saßen wir im Zug. Die Pinzgauer Lokalbahn fuhr damals noch mit der Dampflok von Krimml bis Zell am See. Zwei Stunden dauerte eine Fahrt. In Zell am See hieß es umsteigen in den Arlbergzug.

Der Mann, den ich nicht kannte und mit dem ich die ganze Fahrt in einem Waggon gewesen war, ohne etwas zu reden, wünschte mir alles Gute: »Ich fahre nach Deutschland zu Holzarbeiten.«

Nun war ich im Arlbergzug, der schnaufte nicht wie die Pinzgauerbahn, der ratterte hinaus in die weite Welt.

Die Angst, beim Umsteigen in den falschen Zug zu steigen, war groß. Am Bahnhof in St. Gallen wurde ich abgeholt. Ob dies mein Gepäck sei, fragte mich der Chauffeur mit einem Blick auf mein Köfferchen, und ich durfte hinter dem Fahrersitz einsteigen, in ein schönes, großes Auto.

Eine andere Welt, in die ich da kam und die ich mit all meinen Sinnen kennen lernen wollte. Nachdem ich mein Zimmerchen bezogen hatte, gab es etwas zu essen – ich aß allein in der Küche, nachdem die Herrschaft bedient war. Dann wünschte man mir eine gute Nacht und für morgen einen guten Anfang. So vieles, was mir zu Hause oft schwer und mühsam erschien und sich fast in jeden Haushalt wiederholt, zum Beispiel Waschen, wurde hier mit all den praktischen Hilfen, an die ich mich ganz leicht und schnell gewöhnte, fast zum Glücksgefühl. Wie sehr hätte ich das auch für Mamas Zuhause gewünscht!

Nach einem Monat bekam ich meinen ersten Lohn: 80 Franken. Man war zufrieden mit meiner Arbeit. Für mich war dieser große Geschäftshaushalt mit all seinem Komfort, sogar eine Putzfrau kam wöchentlich, einfach paradiesisch.

Eine ganz moderne Waschmaschine gab es ebenso wie eine mit Wasserdruck betriebene Wäscheschleuder und eine Zentralheizung. Der Garten war wunderschön angelegt: ein riesiger Apfelbaum voller Äpfel, die Garageneinfahrt in einem Spalier mit Rosen und Lavendel eingefasst, schöne Blumenrabatten verliefen neben den Zaun.

Wöchentlich kamen mindestens zweimal Gäste zum Essen, manchmal waren es nur zwei, manchmal fünf und mehr. Nachdem ich meine Aufgaben kannte, beschäftigte ich mich oft mit Kochbüchern, die zur Genüge bereit waren, um mein erworbenes Können zu verbessern. Eine besondere Freude machte es, die Tafel zu decken. Die Frau des Hauses bestimmte, welches Porzellan verwendet werden sollte und welche Kristallgläser. Das Silberbesteck blieb immer gleich. Dekorations-Gegenstände und Kerzenleuchter sowie Blumenschmuck im Esszimmer passten zum jeweiligen Porzellan.

Welchen Wert dies alles hatte, verstand ich erst viel, viel später. Ich brauchte wohl gut ein Jahr, bis ich das Leben im häuslichen Bereich einigermaßen begriff. Erst jetzt merkte ich, dass auch diese Herrschaften nur Menschen waren – behaftet mit allem, was Menschen eigen ist – wie die gewöhnlichen Leute. Den Unterschied machten die Wohlhabenheit, die Erziehung, die Bildung und ihr Umfeld.

Nach und nach lernte ich die Stadt kennen mit ihren schönen Geschäften, den sehenswerten, fast kunstvoll arrangierten Auslagen, auch einige wirkliche Sehenswürdigkeiten wie den Dom, die Bibliothek und anderes mehr.

Mein Staunen wird verständlich, wenn man darüber nachdenkt, wie damals das Leben auf einem Bergbauernhof im oberen Pinzgau gewesen ist. Nach dem Krieg war ich ein paarmal in Wien bei meinen Angehörigen gewesen. Wien war damals eine zerbombte Stadt und gar nicht schön, bis ihr die Menschen durch Fleiß und viel Schweiß ihr Wiener Flair wieder zurückgaben.

Die Stadt St. Gallen, wie die Schweiz überhaupt, war von allen Kriegsschäden verschont geblieben und war wunderschön. Mir kam die Schweizerzeit im späteren Leben zugute, und im Alter bekomme ich noch ein paar Schilling Rente aus dieser Zeit.

Der Arbeits-Unterschied zwischen Bauernhof unter einfachsten Verhältnissen in Österreichs Bergen und einem Geschäftshaushalt – oder soll ich besser sagen: Nobelhaushalt – in der Schweiz lagen für mich auch darin, dass ich, wohl als die uneheliche älteste Tochter meiner Mutter (dieser Mangel wurde auch hier bemerkt) »zu Hause« arbeitete, in der Schweiz in genannten Haushalten nur als »Meidli« und »Usländerli«. Das kratzte ziemlich an meinem Selbstwertgefühl und machte mir zu schaffen.

Noch ein kleiner Nachtrag: In St. Gallen gab es einen Österreicher-Club. Bei den Clubabenden, die monatlich stattfanden, fand ich auch ein paar Freunde und sonstige nette Leute. Verschiedene Informationen über Rechte und Pflichten als ausländischer Arbeiter in der Schweiz wurden uns nahegebracht, auch, dass ein Wechsel vom Haushalt in einen anderen Berufszweig nur möglich war nach einem halben Jahr

Missgeschicken halfen sie oder holten Hilfe. Der Winter war lang und einsam in diesen Tälern.

Da kann man sich schon denken, dass die Skiführer mit den Gästen, die sich ihnen anvertrauten, eine willkommene Abwechslung in die so wunderschönen Täler und zu den Menschen brachten, die diese abgelegenen Tauernhäuser bewirtschafteten. Ein zusätzliches Einkommen war es außerdem.

Die Skilehrer und die Bergführer wurden eine sehr wichtige Institution für die in den 60er Jahren beginnenden Winterbetriebe im Gastgewerbe.

Der Liftbau begann und dadurch gab es kaum eine Arbeitsunterbrechung – im Winter Skilehrer, nach der Schneeschmelze bis zum nächsten Winter Liftbauer. Das Rad drehte sich immer ein wenig schneller. Zu essen brauchten alle!

Weil im Hotel bis abends um 23 Uhr warme Küche geboten wurde, das heißt, bis der letzte Zug im Krimmler Bahnhof gehalten und der Rupert den letzten Gast in das Hotel gebracht hatte (mit einem autoähnlichen Gefährt, dem Hoteltaxi), gab es nach der Abendmahlzeit öfters ein Zeitfenster, um sich am Küchentisch sitzend ein wenig zu unterhalten. Wir erfuhren manches, was es so an Neuigkeiten gab. Einheimische leisteten uns öfters Gesellschaft.

Bei einer solchen Gelegenheit erfuhr ich, dass eine Schutzhütte vom ÖAV im nächsten Sommer neu verpachtet werden sollte und dass ein Pächter gesucht wurde. Viel wurde darüber diskutiert, ob so eine kleine Hütte mit kaum dreißig Betten überhaupt rentabel wäre, wo es doch jetzt immer mehr Erwerbsmöglichkeiten gab, um seinen Lebensunterhalt zu verdienen. Die Motorisierung nahm zu, der Wunsch oder der Traum vom eigenen Auto war nicht mehr aussichtslos bei einer guten Verdienstmöglichkeit. Nebenbei am Wochenende noch ein wenig bei Nachbarn und Häuslbauern »auf Pfusch arbeiten«, dann könnte es schon Wirklichkeit werden, auch wenn es ein großer Luxus wäre.

Ein Wäschevertreter, der Wäsche für Tisch und Betten mit allen dazugehörigen Teilen an aufbauende Hotels und Pensionen verkaufte, war des Öfteren Gast im Hotel. Wenn es die Gelegenheit gab, dann setzte er sich gerne ein wenig zu uns, da hatte ja auch er Feierabend. An einem solchen Abend, wo gerade das Gespräch über das Auto im Gange war, kam er zu uns und erzählte: »In drei Monaten bekomme ich einen VW. Niemand kann sich vorstellen, wie froh ich bin, dann hat endlich das Koffer- und Rucksackschleppen ein Ende, wenigstens vom Bahnhof bis zur Kundschaft.«

Das konnten wir uns schon alle gut vorstellen, unsere Arbeitsstelle war ja ortsgebunden. Er hatte seine Musterteile in verschiedenen Ausführungen und Qualitäten von Bettbezügen und Leintüchern fein säuberlich im Koffer, mit den üblichen Unterlagen, Auftragsformularen, Preislisten, Farbkarten, Knopfmustern, Tischdecken, Servietten in verschiedenen Größen und Frottierware. Das hatte ein erhebliches Gewicht, zumal diese Produkte aus Leinen und reiner Baumwolle in bester Ausführung waren. In seinem Rucksack lagen die persönlichen Dinge, die er für eine Woche als Reisender benötigte.

Samstags kam er nach Hause, und am Montag fuhr er wieder weg, fast jede Nacht schlief er in einem anderen Hotel und machte täglich bis zu zehn Kundenbesuche.

Nach der Arbeitszeit fragte in diesem Beruf keiner, die Bezahlung erfolgte nach Leistung, diese war aber gut und konnte gesteigert werden, zumindest bei der Aussicht auf Arbeitserleichterung. Das waren verständliche Argumente.

Mir ging die neu zu verpachtende Hütte nicht mehr aus dem Kopf. Mit meiner Stellung konnte ich zufrieden sein, meine Arbeit war anerkannt, und ich verdiente auch nicht schlecht.

Moosen

Schuhe beachten

Links Tante Kathi, Tante Moid, Markus bei der Kuh,
vorne Mina Tante und Sabina

Die Familie

Von links: Mama
mit Hermina,
Großmutter, Laura,
Sabina mit Thresei

Fritz 1952

Vor meiner Geburt auf dem Hof. Großmutter hatte Wert darauf gelegt, dass ein „Annehmkind" wie ein eigenes behandelt wurde.

Die Alte Mühle
Personen links: Mama, Marianne und mein Vater, darunter Liesei und Burgei

Vorne Frau Teppei, Frau Lonski, im Hintergrund (v. l. n. r.)

Onkel Karl, Tante Anna, Mama, Frau und Herr Draeg. Fam. Draeg waren Flüchtlinge (ausgebombt) ein ganzes Jahr auf Moosen.

Rechts im Bild die Ansicht der Mühle von hinten mit dem Wasserrad und dem Grinne, unterhalb der Heustadel, beide Gebäude wurden ersatzlos abgetragen. (Verursacht undefinierbares Heimweh.)

Die Zinken Sägemühle/ Privatarchiv Franz Brunner

Zinkenmühle, links sieht man noch die Wasserleitungs-Gerinne aus dem Dürnbach für den Betrieb dieses Werkleins. Und wenn man genau schaut, sieht man rechts unterm Dach den „Zinken Vater". (Bild aus dem Privatarchiv von Franz Brunner)

▼ Rechtegg, das Gebäude mit dem hellen Dach ganz rechts neben dem Haus ist der „Rossstall", auf dem das Windrad montiert wurde.

Die Frau links im Bild ist die Katharina Kröll mit Tochter Maria (der späteren der Frau Eichinger).
Frau Hedwig Feuersinger, Oberbräuwirten in Mittersill (weiße Bluse) Großvaters Töchter aus erster Ehe

Das war nach Großvaters Ableben. V. l. n. r.: Hiasl, der taubstumme Knecht, Mama, Markus (Sense), Tante Moid, Minatante aus Wien, Großtante Kathi und Großmutter, ich als Kind. Mit dieser Mannschaft und diesen Gerätschaften wurde Moosen viele Jahre bewirtschaftet.

Diesen Brief habe ich erst gelesen, nachdem mein Mann im Seniorenheim war und die Einsamkeit an einen dusteren Herbstabend in mir hochkroch.

Der Brief

V. l. n. r.: Fritz (Friedrich), Minatante, Onkel Josef und Peperl. Onkel Josef war bei der Kriegsmarine.

Peperl und ich waren Friedrichs „Fotomodelle".

Vater, Josefonkel, Peperl und Ninatante Julie 1956, Marianne und Threisei sitzen neben Gästen in der Mooser Küche.

Annatante, Mama und ich im Juli 1945. Abschied von Annatante und meiner Aussicht auf eine Lehre. „Angeborener alpenländischer Freigeist, Familienbindung und der Platz, den man Heimat nennt, haben sich wohl in der Kindheit und der Zeit der ersten Entscheidungen, die ich treffen musste, so fest in mir verankert, dass es selbstverständlich wurde.

Das angestammte Nest 1935

Die Großeltern, Mutter und ich

Mein Vater

Auf eigenen Füßen

V. l. n. r.: mein Helfer und Ziehbruder Fritz und Johann Kröll, mein Taufpate (der Rechtegger Göden).

Übernahme Zittauerhütte 1956.
V. l. n. r.: Sabina, Nani (die Wirtin), Leni (Ziehtochter) und der Bernhardiner.
Der Wind bläst ordentlich, wie man sieht.

V. l. n. r.: 3 Loisi, die Kleine ist Lisei, die 2. r. ich – mit Gästen aus dem ersten Sommer.

Fünf Tage lang waren sie Gäste und kostenlose „Träger".
Johanna, 1 ½ Jahre, Jakob und ich.

Die Hüttenmannschaft mit Otto Eidenschink, dem getreuen Bergführer und Kursleiter, ganz links ist der Heider Karl (der „Säumer") versteckt, hinter Jogls Schwägerin Paula und Bruder Sepp; sie haben uns besucht. Lisei, Jogl, Sabina, Otto, daneben Schwester von Lisei und Anni, waren auch zu Besuch.

Johanna

Zittauerhütten-See

Johannas Badesee neben der Hütte, sie hat es akzeptiert, dass der See für sie tabu ist.

Am Morgen, wenn der Himmel blau ist und die Gipfel locken, kann auch ein „Ausrutscher" passieren. Auf der Hütte ist man auch „Sanitärin". V. l. n. r.: Sabina, Hennhäusl Lois, Lechner Franz, unser Nachbar.

Der Abschied besonders von dieser Kurs-Gruppe fiel nie leicht, diesmal wollten sie ja auch helfen, die Geißen zu retten. An der Hüttenwand gut sichtbar der „sturmgebeutelte" Waschtrog.

Der Fuchs und der Säumer Karl beim Holztransport, das Bild haben uns die abgebildeten Gäste geschickt.

Von der Kurve, an der der Weg in die Finkau abzweigte, ein Blick über den Talboden noch ohne Wasser. Erinnerungsfoto von dem Bergsteiger, der mich mit dem Roller über die Gerlos-Straße bis Neukirchen mitgenommen hat.

▼ Ein gekauftes Serienbild mit einem besseren Blick in das Tal mit dem Wegweiser in die Finkau.

Die Post

Im Gastzimmer

Die legendäre Postküche

Die „Juli-Ersatz-Oma"

Die Schützlinge der „Juli-Ersatz-Oma"

Der kleine Prinz ist die Johanna.

Erste Baumaßnahmen

Gartengestaltung

Mit dem ersten VW auf der Gerlosplatte.
Fritz und ein Kollege begutachten das neue Auto.

Die ersten Gäste
gemütlich auf
dem Unterbau des
späteren Büros –
und im Garten.

So sahen die Feiern aus, von Abschlussmeisterschaften und Ehrennadel-Festen dieser eingeschworenen Truppe.

Gästebetreuung von Andrea im Garten

Ein Abend auf der Kürsinger Hütte

Wir haben ein Apfelbäumchen gepflanzt.

Und jetzt ab in den Wald! Zum Glück war „Heinzchen" da.

Zugunglück auf der
Pinzgauer Lokalbahn

Die väterliche Familie
Musizieren mit Mutter

Eibl Fritz im Zelt

Vorne „der Elmauthaler" aus Saalbach mit zwei Pferden, Rieder Ernst, Katja und Hermi, dahinter der Briefträger. Auf dem Rückweg am sechsten Tag begann (wir erreichten wieder Österreich) nach dem Abstieg vom Cortinpass das schlechte Wetter, und das begleitete uns bis nach Mittersill. Das Foto ist Beweis genug!

Aufgenommen kurz oberhalb vom Zirbenkreuz unter dem Felbertauern – da mussten die Säumer mit den Pferden umkehren. An den Hufen blieb der Schnee haften und sie rutschten, denn ihre Eisen waren für diesen Wintereinbruch nicht geeignet.

▼ Am Venediger Höhenweg von Hinterbichl bis nach Habach mit Andrea

Aber einmal Herr über mein Tun und mich selbst sein, frei von den Zwängen und Verpflichtungen einer Untergebenen – und das auf eigenes Wagnis und auch Gefahren, die es mit sich bringt –, das war halt ein verlockender Wunsch, und wenn es nur ein paar Monate im Sommer wären.

Herr Waltl war ein Hotelier, so wie man sich einen solchen vorstellt und nur wünschen kann. Die Gäste verehrten ihn, und wir, das Personal, mochten ihn. Man konnte mit allem zu ihm kommen, ob man eine private Sorge hatte oder mit einer Arbeit nicht zurechtkam.

Seine Frau hingegen war eine ruhige, in sich gekehrte, vom Leben gezeichnete, wohl auch familiärer Sorgen wegen unnahbare ältere Dame. Jeden Tag saß sie in dem winzigen Büro, wo nur Platz für einen Schreibtisch, einen Stuhl und eine Ablagestellage war.

Dieses Büro war räumlich so zwischen Küche, Schank und Gasträumen angeordnet, dass ihr nichts, aber auch gar nichts entging. Sie sah aber auch, wenn jemand Hilfe brauchte, nicht nur einmal musste ich fragen, wie dies oder jenes gemacht wurde. Ich bekam immer eine genaue Anweisung und stets dazugesagt: »Komm, wenn du etwas brauchst!«

Dankbar war ich für so viel Vertrauen und Hilfe. Das ermutigte mich auch, mir wegen der AV-Hütte Rat zu holen.

Beide klärten mich über das Für und Wider einer Selbstständigkeit auf und versicherten mir auch, dass ich im Winter immer bei ihnen arbeiten könnte. Wenn ich wirklich und wahrhaftig dieses beschwerliche Risiko eingehen wolle und ich bei der Pacht-Bewilligung Hilfe bräuchte, weil ich noch sehr jung und zudem alleinstehend war, würden sie sich für mich verwenden.

Das erfüllte mich mit Freude, Vertrauen und tiefer Dankbarkeit.

Nun begannen meine Recherchen bei den Bergführern über die Hütte und die Wege, wer wohl die Waren liefern würde und wie das zu bewerkstelligen wäre. Keine Kleinigkeit war es, was da alles zum Vorschein kam an Hürden, die ich nehmen musste, wenn ich das wollte. Meine Neugierde auf das Unbekannte siegte. Riskant war es auf jeden Fall. Für das Kochen hatte ich mich im Schweizer Haushalt ganz bewusst interessiert und manches Lob von den geladenen Gästen erhalten. Eine Befriedigung fand ich in dieser Arbeit nicht. Ich suchte immer intensiver nach etwas, zu dem meine Fähigkeiten reichen würden. Ein großer Wunsch war es, selbstständig und eigenverantwortlich handeln zu können. Das liegt wohl im Blut meiner bäuerlichen Abstammung. Ich zog Bilanz über mein Wissen, Können und Haben und gelangte zu dem Schluss: Ein paar Jahre in einem guten Gasthof würden mir nicht schaden.

In der Schweiz von einem Haushalt in das Gastgewerbe zu wechseln, war damals noch nicht ohne Weiteres möglich. Dazu musste man ausreisen und nach einem halben Jahr Wartezeit mit den Belegen der Arbeitsstelle in einem Gastbetrieb wieder um ein neues Visum ansuchen. Das wollte ich eigentlich auch nicht.

Im Gasthof/Hotel, dem ersten Haus am Platz (das 1965 den Flammen zum Opfer fiel, es brannte gänzlich ab und wurde nicht wiederaufgebaut), bekam ich eine Stelle als Beiköchin (zweite Köchin). Ein Jahr darauf war ich Köchin in dem erstklassigen Haus, angelernt noch dazu. Ich war stolz darauf.

In dieser Zeit wurde die Zittauer Hütte, eine Alpenvereinshütte im Wildgerlostal, neu verpachtet, die seit der Wiedereröffnung nach dem Krieg eine Bauernfamilie, auch Besitzer der Alm, bewirtschaftet hatte.

Die Herren vom ÖAV zögerten ein wenig, gaben aber nach Rücksprache mit dem »Chef« meinem Ansuchen statt.

Aufgeklärt über das Für und Wider einer selbstständigen Tätigkeit stand es fest: Im nächsten Jahr würde ich als Wirtin den ersten Hüttensommer bewerkstelligen müssen und hoffte inbrünstig, dass mir das auch gelänge.

Meine Gedanken schweiften zurück in die Vergangenheit. Bei meiner ersten Liebe machten sie halt. Auch ein »unehelich« geborener Bauernsohn, trug er sich mit den Wunsch, »Berufsjäger« zu werden, eine Familie zu gründen und irgendwann ein Häuschen zu bauen.

Damals hat er noch auf dem väterlichen Hof gearbeitet. Sein Vater hat später eine Bauerntochter geheiratet, diese Ehe blieb kinderlos und mein Liebster wurde aus diesem Grund Hoferbe.

Folglich durfte L. an eine Heirat mit mir nicht denken. Ich hatte ja einen Vater, von dem man nichts Genaues wusste. (Leider haftete einem unehelich geborenen der Makel, »ungewollt« zu sein, auf Dauer an, bei den Mädchen noch ausgeprägter als bei den Buben.) Und wenn der betreffende Vater wie in meinen Fall nicht »jedermann« bekannt war, dann umso mysteriöser seine Herkunft. Mütter konnten nicht unerkannt bleiben.

Ich erfuhr es übrigens von ihm selbst – sein Mut, es mir selbst gesagt zu haben, wurde mir viel wert, auch wenn es mich damals wie ein Absturz ins Bodenlose traf.

Zugleich regte sich in mir der Stolz, ein nie zuvor gekanntes Selbstwertgefühl kam mir zu Hilfe, »mir nur nichts anmerken lassen«.

Wie alles war auch das vorübergegangen. Und nun war ausgerechnet ich es, die den Bauersleuten, die nach der ersten Wiedereröffnung nach dem Krieg die Hütte gepachtet hatten und jetzt eine eigene auf ihrer Alm bauten, als Pächterin auf der Zittauerhütte nachfolgte. Noch dazu mit dem gewichtigen Wort des Herrn Waltl. (Balsam für meine mit Minderwertigkeitsgefühlen geplagte Seele.)

Schade, Großmutter, dass ich dir das nicht mehr alles erzählen kann! Meine Gedanken sind mit mir davongelaufen und haben sich in die Zeit verirrt, seit der du schon lange nicht mehr bei uns bist und ich dich nie mehr fragen oder um etwas bitten kann. Ich weiß aber, dass du irgendwo bist, wenn ich meine Gedanken zu dir schicke. Bis wir uns einmal wiedersehen!

Peter und Paul – 1956

Eine Woche vor Peter und Paul. Es regnete in Strömen, Nebelschwaden zogen durch das aufsteigende Hochtal, der Wildbach donnerte schäumend in die Leitenkammerklamm.

Am Salzboden, ein mit Steinen und Felsbrocken übersäter Almboden, bedeckten in den Lawinenstrichen hohe Schneemassen, mit Geröll und mitgerissenem Holz festgepresst, den Weg. Von den links und rechts steil aufstrebenden Hängen grüßte trotz des unfreundlichen Wetters der Bergfrühling. Wenn auch die Schusternägelchen und der Enzian ihre Köpfe verschlossen und die Gänseblümchen ihre Gesichtlein versteckten, so waren sie doch da und machten mir Mut.

Herr Weizenberg, der Hüttenwart, der mich begleitete, meinte in einer kurzen Verschnaufpause:

»Wenn man einen Termin Wochen im Voraus planen muss, kann man sich das Wetter nicht aussuchen.«

Ich nickte: »Ja, leider!«

»Ich hätte eigentlich gemeint, dass Ihr Ziehbruder heute mitkommen würde?«

»Nein, zuerst will ich mich alleine mit dem, was mich da auf dem Weg und oben auf der Hütte erwartet, auseinandersetzen. Vor zehn Jahren, wie Sie wissen, habe ich die Gegend und die Hütte das einzige Mal aus der Nähe gesehen.«

»Ja, ja – ich habe es schon gehört. Übrigens, dort vorne …«, er zeigte auf einen großen Felsblock, unter dem sich eine Art Höhle befand,»ist etwas Holz, schon transportfertig. Ansonsten muss zuerst das Lawinen-Holz verarbeitet werden. Eine Abmachung mit Alpenverein und Almbauern, damit die Weideflächen wieder aufgeräumt werden.«
Herr Weizenbergs Stimme klang nicht sehr zuversichtlich. Wir nahmen unsere Rucksäcke und machten uns wieder auf den Weg.

Murmeltiere pfiffen, ab und zu konnte man eine Bergdohle durch den Nebel gleiten sehen. Der Weg stieg jetzt schon steil bergan, wir näherten uns der Waldgrenze. Vom Frühling war da noch wenig zu spüren, aber die Gewissheit, dass er kam, war da. Die Bergfinken und die schwellenden Wasser kündigten ihn verlässlich an.

Wir kamen zum so genannten »Klamml« vorbei, ganz nah am Seeabfluss, der wie ein Wasserfall über glatte schwarze Felsen stürzte. Der kleine Steg über das Wasser war vom Wind und den Winterstürmen weggerissen worden, darum mussten wir über den »Moränensteig« gehen, so erklärte mir Herr Weizenberg.

Der Steig war an wackeligen Felshaken mit Seilen gesichert, wenn man dies so bezeichnen wollte. Teilweise lag noch Schnee.

Nach einer knappen halben Stunde kamen wir auf freies Gelände. Der Weg führte über Geröll, unter dem eine Quelle gurgelte; an dieser Stelle am Wegrand stand ein Marterl, eine Mahnung an alle Unbelehrbaren: Ein Hüttenwirt war hier bei der Rettung eines Bergsteigers durch eine Lawine ums Leben gekommen.

Durch den flotten Aufstieg kamen wir ins Schwitzen, die Feuchtigkeit von innen und außen war ganz schön unangenehm. Der Nebel verdunkelte jede Sicht. Sosehr es mich auch drängte, zu fragen, wie weit es wohl noch war, ich verkniff mir diese Frage.

Endlich erreichten wir den Höhenrücken, eine weiße Fläche schien unter dem Nebel zu liegen.

»Das ist der See, scheint noch teilweise zugefroren zu sein«, meinte Herr Weizenberg.

Jetzt waren wir nah an der Hütte, mir war es zweierlei. Am Geländer und am Vordach beim Eingang hatten die Winterstürme ganze Arbeit geleistet. Nun ja, musste gemacht, das heißt repariert werden. Nein, gar nicht einladend, unwirtlich und abweisend begrüßte uns die Hütte.

Das Parterre der Hütte musste den Touristen und Bergsteigern, die einen AV-Schlüssel bekamen, in der unbewirtschafteten Zeit zur Verfügung gestellt werden, mangels eines Winterraumes, die AV-Mitgliedschaft war Voraussetzung dafür. Der Aufgang in die oberen Räume war mit einer Luke abgesperrt – mit den Räumen Küche und Gastraum waren die Gäste nicht gerade zimperlich umgegangen. Die Holzkiste, wie nicht anders zu erwarten, war leer; auf dem völlig verschmutzten Herd stand ein Topf mit eingetrockneten Suppenresten, Teller, Besteck, Tassen und Gläser, alles war benutzt und nicht gereinigt. Der Gastraum, als Schlafraum genutzt, bot ein ähnliches Bild mit seinen zerwühlten Decken. In der Geldbüchse waren genau zwei D-Mark und fünfzig Pfennig. Die Hüttenbesucher kamen vermutlich aus dem nahen Bayern. (Hüttenbesucher aus Deutschland waren immer in der Mehrzahl. Der Alpenverein war eine internationale Institution.) Eine Menge Flaschen und Dosen, die bekanntlich leicht auf den Berg gebracht werden können, aber selten um den Inhalt erleichtert wieder ins Tal geschleppt werden, zierten den Tisch.

Herr Weizenberg war entrüstet.

Wir öffneten Fenster und Läden, ein frischer Wind wehte durch die Räume, drinnen war es kälter als draußen. Herr

Weizenberg, meinte, er werde den »Widder«, eine Wasserpumpe, in Gang setzen. Es war schon gegen Mittag, im Herd brannte ein Feuerchen – welcher Luxus bei einem Holzvorrat von sechs Scheiten und einer Kiste Kleinholz im kleinen Lager.

Den »Vorrat«, wenn man Mehl und Suppenpulver-Reste, etwa drei Kilogramm, und zwei Liter Himbeersaft und das Holz so nennen kann, kannte ich jetzt. Das Hütteninventar war aufgelistet. Herr Weizenberg wollte es mit mir durchgehen.

Nun war es an mir, eine Entscheidung zu treffen. Freilich hätte ich laut Abmachung mit den Alpenverein die Fenster wieder schließen und mit Herrn Weizenberg wieder ins Tal absteigen können. Mein Arbeitsplatz im Hotel wäre mir sicher gewesen.

Herr Weizenberg merkte, dass ich erst mit meinem Inneren ins Reine kommen musste. Er schaute noch einmal zum Widder hinüber.

Ich ging ins Freie, das Wetter hatte sich nicht recht gebessert, ein Mangei – so heißen Murmeltiere in unserem Dialekt – pfiff laut, und nicht weit von mir ließ sich eine Dohle nieder. Mir kam es vor, als wollte sie mir bedeuten: »Schau, bist ja nicht allein!« Ein wenig Romantik hat sicher auch mitgespielt, oder lockte mich das Abenteuer? Ich weiß es bis heute nicht.

Herr Weizenberg kam zurück und vermeldete, der Widder funktioniere einwandfrei und die Eisenwasserleitung habe auch keine Winterschäden erlitten. Die Bootshütte müssten wir noch anschauen. Bei all dem wurde mir immer klarer, dass ich mich trotz aller Kärglichkeit, aller Mängel und Widrigkeiten, die ich vorfand und die in Kürze bewältigt werden müssten, dieser Aufgabe stellen wollte.

Nach allem nötigen Geschäftlichen und einer Tasse Tee mit dem mitgebrachten Jausenbrot verabschiedete sich Herr

Weizenberg mit allen guten Wünschen für den Anfang. Dieser Tag, der Abend und der größte Teil der Nacht bleiben eingebrannt in meiner Erinnerung, in Herz und Seele.

Ein wenig will ich noch beschreiben, wie die anfängliche Organisation für den Betrieb auf der Hütte funktionierte.

Wochen vorher hatte ich darüber nachgedacht, wie es gehen musste. Zuerst besprach ich alles mit Fritz, meinem Ziehbruder. Er wollte mir für den ersten Sommer helfen. Ebenso mit Heider Karl, dem Säumer – dieser musste aber zuerst die St. Pöltner Hütte versorgen und konnte erst Mitte Juli kommen mit seinem Saumpferd. Die Abmachung mit den beiden Mädchen (Loisi 16, Lisei 14) und Fritz lautete so:

Da ich kein Fahrzeug hatte, gab es nur ein Transportmittel: das Milchauto. Mit dem Molkereidirektor und den Milch-Fahrern kam ich überein, dass sie die Lebensmittel und alles Benötigte vom »Weyerkrämer« für uns mitnehmen und in der Finkau im Lagerraum der alten Almhütte deponieren würden.

Den dort hinterlegten Brief mit neuer Bestellung sowie die Gästepost, meist Ansichtskarten, nahmen sie wieder zurück zum »Weyerkrämer«. Das ging deshalb recht gut, weil da auch der Depotplatz für die Almprodukte aus dem Habachtal für die Molkerei abgegeben wurden. Der Weyerkrämer Sepp und Traudl waren übrigens die Einzigen, die bereit waren, zu so früher Stunde, um halb fünf, unseren Einkauf lieferfertig bereitzustellen.

Mit den Getränkelieferanten, mit Bruder Fritz und den Mädchen traf ich mangels »Hüttenkenntnissen« die folgende Vereinbarung:

Wenn bis zum genannten Datum die bestellten Getränke nicht storniert wurden, sollten sie zu den besprochenen Bedingungen rasch geliefert werden. – Mit den »Helfern« wurde abgemacht: Wenn ich nicht am selben Tag mit Herrn Weizenberg zurückkäme, sollten sie am nächsten Morgen mit dem Milchauto in die Finkaualm fahren und möglichst viel auf die Hütte mitnehmen. Alles per Handschlag – es funktionierte klaglos. Den ersten Hüttensommer haben wir – Fritz, die beiden Mädchen und ich – wie ich meine, gut gemeistert, obwohl beide Mädchen, Lisei und Loisi, noch sehr jung waren für die Arbeit, die auf uns zukam.

Über den Besuch von Göden, meinem Taufpaten, habe ich mich ganz besonders gefreut, der Göden war damals schon hoch in den Siebzig und er hat den beschwerlichen Weg auf sich genommen, um sein Patenkind auf dem ersten Weg in die Selbstständigkeit zu besuchen. – Danke, lieber Göden.

Zum Nachdenken und Sinnieren blieb keine Zeit. Bald kamen die ersten Gäste. Unser Angebot war kärglich: Spiegelei, *Ham and Eggs*, Kaiserschmarrn mit Milchpulver, Skiwasser und ein Enzianschnapsl. Das besserte sich aber täglich. Fritz ging in der Früh auf den »Trissl« hinunter, sammelte das Lawinenholz und bereitete es zum Transport auf die Hütte vor. Mittags holte er in der Finkau ein »Tragl« Lebensmittel und Getränk. Die ersten Wochenenden halfen uns ein paar junge Bauernburschen als Träger aus. Was eingekauft werden musste, wurde aufgeschrieben, natürlich immer auf Vorratswirtschaft bedacht. Bis Karl mit seinem Saumpferd kam, mussten die Zeit und die Arbeit beim Holz gut eingeteilt werden, auch beim Verbrauch: Ein Topf alleine sollte nie auf dem Herd stehen, dazu war das Holz zu wertvoll. Im Juli brachte Karl mit seinem Fuchs auch den Gasherd, ein notwendiges, hilfreiches Gerät.

Im Großen und Ganzen verlief der erste Sommer ohne größere Schwierigkeiten. Auch mit Touristen und Bergsteigern ging alles problemlos, kein einziges Mal musste die

Bergwacht geholt werden. Dafür war ich dankbar. Stolpersteine lagen einige auf dem Weg, doch wir haben diesen ersten Sommer ohne Pannen und Zwischenfälle bewältigt.

Im nächsten Sommer war vieles leichter, die Wintersaison war vorüber. Jakob und ich, wir kannten uns bereits gut ein halbes Jahr, überlegten, wie es weitergehen sollte im Sommer auf der Hütte. Da taten sich auch ein paar Hürden auf – elterlicherseits: Was wäre denn das für eine Moral, wenn ein Liebespärchen einen ganzen Sommer lang unverheiratet auf einer einsamen Hütte zusammen wäre, was würden die Leute sagen? und so weiter. Also haben wir, in puncto Wohnmöglichkeit ziemlich unvorbereitet, doch geheiratet. Nun waren wir zu zweit, um Gutes und weniger Gutes zu teilen.

Manche Unwetter haben dafür gesorgt, dass der Weg stellenweise beschädigt war und die kleine Brücke beim Wasserfall immer wieder einmal durch Hochwasserschäden weggerissen wurde. Es war schwierig, denn die Brücke wurde für den Transport von Lebensmitteln, Getränken, Holz und Propangas gebraucht.

Gäste deponierten oftmals Kritik an den ÖAV, wegen der Mängel am Weg. Der Aufstieg und auch die Übergänge waren in keinem beruhigenden Zustand. Wenn irgend möglich, haben Jakob, mein Mann, und Karl notdürftige Reparaturen vorgenommen. Wiederholte Bitten nach Krimml wurden leicht überhört, die Zittauer Hütte war auch von den drei Sektionshütten der AV-Gruppe am weitesten entfernt und überall mangelte es an Wegen und Übergängen. Vor den Wiedereröffnungen der Hütten nach dem Krieg war zu lange zu wenig gemacht worden, der Krieg hatte aufgrund der fehlenden Arbeitskräfte überall seine Spuren hinterlassen.

Die Fenster in der Gaststube und in der Küche waren in einem desolaten Zustand. Nach einem argen Gewitter während eines Besuches des Hüttenwarts Herrn Weizenberg wurde der Auftrag für neue Fenster an den Bergführer und

Tischlermeister Hans Graber erteilt. In diesem Zuge wurden auch die Gaststube und die Küche ein wenig hergerichtet.

Im Übrigen, meinte ich, wurde die Zittauerhütte ein wenig stiefkindlich behandelt, sicher nicht zu Recht – Gäste erzählten halt: »Auf der Warnsdorfer haben sie neue, wunderbar weiche Decken bekommen, die Wegarbeiter sind auch dorthin unterwegs« usw. War das am Ende Eifersucht?

Allerdings, vom Jahre 2001 aus gesehen erwies es sich zum großen Vorteil für die Hütte. Es wurde durch halbe Sachen, die nicht von Dauer waren, kein Geld verschwendet. Alle Fehler, die bei Erneuerungen auf anderen Hütten gemacht wurden, konnten durch Erfahrungswerte beim Generalumbau der Zittauerhütte 2001 vermieden werden. Jetzt ist sie ein Schmuckstück mit hohem »Hütten-Komfort«, durch den Fahrweg, die Seilbahn, das E-Werk und Telefon. Sogar eine biologische Kläranlage wurde errichtet.

Zu unserer Zeit brachten wir jeden Sommer zwei weiße Ziegen und zwei kleinere Schweinderl auf die Hütte. So wurden die Lebensmittel-Abfälle gut verwertet und der Transport ein klein wenig erleichtert durch die Milch von den Ziegen.

Ein paar Sätze möchte ich noch verlieren über die Vorratshaltung. Bei Lebensmitteln mit langer Haltbarkeit war es einfach, man musste nur alles auf längere Sicht bevorraten und nichts vergessen im Bestellungsheft. 14 Tage musste der gelagerte Vorrat immer reichen, könnte ja sein, dass bei der Lieferung etwas dazwischenkam. Bei Frischwaren war das anders. Salat und Gemüse sowie Obst waren nur kurzfristig haltbar, wenn es auch einen recht kühlen Keller gab.

Das ließ sich ausgleichen mit Dosenware, zum Beispiel Sauerkraut, rote Rüben, Gurkerl und Kompott. Wurstwaren beschränkten sich auf Dauerwurst und Geselchtes, Eier hatten auch eine begrenzte Haltbarkeit. Schwierig war es beim Fleisch. Da weder Eiskeller noch ein Kühlschrank vorhanden waren, mussten wir uns mit Schnee behelfen, der ja den ganzen Sommer in Hüttennähe zu finden war. Nur im Hochsommer wurde der Weg zum Schnee immer weiter. Im Keller fanden wir zwei Munitionskisten, vermutlich Kriegsrelikte, die irgendwie auf die Hütte gekommen waren, im besten Zustand, also neuwertig, und die wir dafür zweckentfremdeten.

Das Boot musste im Hochsommer als Schneetransporter herhalten. Lisei und Jogl waren nicht böse deswegen, sie betrachteten das als schiere Freizeitgestaltung.

Wir holten Schnee aus den Schnee-Löchern, befüllten eine Kiste nicht ganz zur Hälfte, legten das gut in Leinen verpackte Fleisch darauf und füllten die obere Hälfte dann ganz fest mit Schnee auf.

Im Hochsommer, wenn es wärmer wurde, vergruben wir eine Kiste in einem Schneeloch, eine Menge Arbeit, aber eine doch brauchbare Hilfe. Da kamen mir auch das Wissen und die Handhabung für die Haltbarmachung der Lebensmittel aus der stromlosen Zeit auf dem elterlichen Hof zugute.

Anfang September fingen wir mit dem Einwintern an: Mehl, Zucker, Salz, Reis, Teigwaren und hochprozentige Getränke, etwas Kaffee und Tee. Erbsensuppenpulver und Polenta hatten wir auch. Wir schauten auch immer, dass eine Propangasflasche übrig blieb, für den Anfang im nächsten Sommer. Das Gaslicht, das im dritten Frühjahr eingebaut wurde, war eine große Erleichterung. Anfangs hatten wir Petroleumlampen und Kerzen gehabt, eine nicht ungefährliche Beleuchtung.

Der Transport der großen Gasflaschen war für Karl und seinen Fuchs eine nicht zu unterschätzende Herausforderung, die engen Kurven durch die Felsen im Klamml forderten von beiden Maßarbeit.

Nach sieben Jahren kam für uns der letzte Bewirtschaftungssommer, und dafür gab es triftige Gründe. Es ergab sich, dass wir in der Heimatgemeinde einen Ganzjahresbetrieb übernehmen sollten und somit manche Schwierigkeit gelöst schien. Die Hauptursache war die Arbeit im Winter, Skilifte gab es noch nicht in nächster Umgebung, und die Firmen arbeiteten meist bis zum Heiligen Abend; wieder angefangen wurde je nach Witterung. Da war es schwierig, wenn einer in der wichtigsten Bausaison im Sommer ausfiel.

Ein weiteres Motiv waren die Kinder. Inzwischen hatten wir ein zweites Mädchen und keine Großmutter, die Zeit für uns gehabt hätte. Die Großmütter haben bis heute nichts an Wichtigkeit für die Kinder eingebüßt, nur die Ansprüche beider Teile sind sehr weit abgewichen von der damaligen großmütterlichen Bereitschaft, für die Kleinen da zu sein und auch als Erzieherin zu wirken. Desgleichen haben auch die Kinder nicht mehr leicht die Bereitschaft, alles anzunehmen, bestenfalls erschöpft sich das im Gutenachtkuss.

Bald kam die Ältere in die Schule. Nicht zu übersehen waren die damaligen Bestimmungen der Sozialversicherung. Ehegatten konnten noch nicht im gemeinsam bewirtschafteten Betrieb vom jeweiligen Konzessionsträger versichert werden. Dieses Manko konnte durch den Betrieb meiner Mutter ausgeglichen werden. Doch das war eine vorübergehende Lösung und durfte kein Dauerzustand werden.

Die beiden Mädchen, Loisi und Lisei, mussten sich auch nach einem Jahresposten umschauen, um ihren Lebensunterhalt zu verdienen, drei bis vier Monate im Sommer waren dafür zu wenig.

Die Paula war mit ihren zwei Kindern nun schon drei Sommer bei uns auf der Hütte. Gerne, wie wir glaubten, übernahmen Paula und ihr Mann nach Rücksprache mit dem Hüttenwart die Nachfolge. Beim nächsten Besuch des Hüttenwartes wurde das festgelegt.

Also begannen wir im Laufe des Sommers mit dem Beenden dieser unvergesslichen Zeit. Für mich schweren Herzens. Mit einem Stein in der Brust kann ein Sommer lang werden.

Die Hüttenbewirtschaftung wurde von Paula und ihrer Familie im Herbst übernommen, ebenso jeglicher Vorrat an Lebensmitteln und Brennholz. Karl und sein Fuchs besorgten weiterhin den Transport auf die Hütte. So blieb bei der ganzen Änderung alles beim Alten.

Aber die Geißen mussten wir verkaufen und die Schweinderl wurden ohnehin verspeist, traurig, aber wahr.

Die Paula und ihre Familie waren über 40 Jahre Hüttenbewirtschafter und betreuten das kleine Hütterl bis zu seiner Vergrößerung und perfekten Vollendung im Jahre 2000/2001. Ihre Tochter Gisela verbrachte in ihrer Kindheit keinen einzigen Sommer im Tal. Nie mit Spielgefährten und Schulfreunden im Schwimmbad die Ferientage verbringen zu können, war für ein Kind sicher nicht immer nur Freude.

Der Frühling ist immer noch eine Zeit für mich, die Erinnerungen und ein wenig Heimweh danach wach ruft und mir ein Grund ist, alles aufzuschreiben.

Ein paar Begebenheiten, die sich im Laufe der sieben Sommer zutrugen, möchte ich in einem Nachtrag festhalten.

Eine bleibende Erfahrung war es, wenn im Laufe eines Tages ganz unterschiedliche Menschen, die sich vorher nie gesehen hatten, auf die Hütte kamen, um ein paar Tage zu bleiben, sich dann in der Gaststube bald miteinander unterhielten und über ihr Vorhaben erzählten. Des Öfteren wurden gemeinsame Bergfahrten daraus und auch manchmal eine Wiederholung ihrer Besuche. In diesen Bergregionen werden Menschen freier und menschlicher, die Last des Alltags fällt ab und bleibt in den Niederungen zurück.

Abends nach der Arbeit und den Vorbereitungen für den nächsten Tag ging ich ganz gerne in die Gaststube und setzte mich ein wenig zu den Leuten, die Jakob bestens nach ihren Wünschen versorgte.

Vom Plaudern übers Wetter, über den Aufstieg oder das Woher und Wohin entwickelten sich recht oft interessante Gespräche. Eine kleine Verbindung zur Welt da »draußen«. Über ein Wiedersehen mit bekannten Menschen freuten wir uns immer. Wie viel Zeit man ihnen widmen konnte, war nicht so wichtig, wichtig war nur das Wie.

Zwei Brüder im Alter zwischen 65 und 70 Jahren, Ski-Erzeuger aus Kiefersfelden, kamen meist einmal im Juli für eine Tour auf den »Gabler« für eine Abfahrt mit ihren Kurz-Ski, je nach Schneelage, bis unterhalb vom Klamml.

Einmal im September machten sie eine Tour auf die Reichenspitze. Die beiden kamen nie vor fünf Uhr an einem Samstagnachmittag auf die Hütte und nie waren sie angekündigt. Immer fröhlich und guter Dinge, so richtig zähe Bergsteigernaturen. Wenn die Hütte schon belegt war, waren sie ganz sicher: »Die Wirtin hat schon noch ein Platzerl für uns!« Öfter war es ein Notlager mit ein paar Decken, und wenn diese aus den eigenen Betten stammten. Viele Jahre nach unserer Bewirtschaftungszeit bekamen wir noch Weihnachtsgrüße von den beiden.

Desgleichen von einer Gruppe junger Studenten, es waren wohl angehende Geologen. Sie sammelten zu wissenschaftlichen Auswertungen Steine rund um den See. Ihre Kräfte hatten sie vermutlich überschätzt, und daher baten sie Karl, ob der Fuchsl wohl bereit wäre, eine kleinere Ladung ins Tal zu tragen.

»Natürlich!«, sagte Karl, »aber wenn ihr da hinaufgegangen wärt«, er zeigte in eine bestimmte Richtung, »da hättet ihr schönere Steine gefunden.« Damit hat er wohl Kristalle gemeint.

Ein anderes Mal interessierten sich junge Männer für die Abfallbeseitigung. Dass die Lebensmittelabfälle von den Tieren gefressen wurden, fanden sie gut, obwohl sie auch wussten, dass die »Ordnungspolizisten« in den Alpen diese Arbeit von ganz alleine erledigen würden, nämlich die Dohlen und die Krähen.

Aber die unbrauchbaren Dinge wie Dosen und andere Abfälle, die nicht brennbar waren, entsorgten wir in der mit Steinen umrandeten Grube etwas abseits von Wegen und Hütte. Dieser Platz wurde wohl schon seit Bestehen der Hütte für diesen Zweck genutzt und uns vom Hüttenwart angezeigt, wie dies zu handhaben wäre; das war gleich am Anfang unserer Bewirtschaftungszeit.

Die beiden waren mit dieser Lösung nicht zufrieden, jedoch wussten sie auch keinen anderen Rat nach ein paar Tagen Verbleib auf der Hütte.

Ebenso fanden sie die WC- und Spülwasserbeseitigung nicht befriedigend. Etwa 100 Meter abwärts von der Stelle, wo sich die WCs in der Hütte befanden, entsorgte sich das Abwasser von alleine, auch das von der Küche – bis auf einen Rest, der von Hand im Herbst entfernt wurde, so wie der Bauer seinen Dünger auf das Feld bringt.

Im Sommer blühte in dieser Abwasserschneise der Eisenhut in der herrlichsten dunkelblauen Farbe wie sonst nirgends im ganzen Tal. Darüber hat sich auch der Schäfer Sepp gefreut, der uns jede Woche ein paarmal besuchte, solange seine Herde im Klamml weidete. Jedes Mal hat er diese Blumenpracht bewundert.

Erwähnenswert sind auch die Föhnstürme, die recht arg werden können, meist kündigen die Wolken am Himmel und die glasklare Luft, die die Berggipfel ganz nahe erscheinen lassen, diese schon frühzeitig an. Wenn es die Zeit erlaubte, trafen wir auch mögliche Vorkehrungen: Brennholz in die Küche bringen, alle fressbaren Abfälle in den Stall zu den

Tieren, Kleidungsstücke, Schuhe und alles, was nicht niet- und nagelfest war, in Sicherheit bringen, Türen und Fenster schließen, auch im Stall – die Tiere merkten schon lange vor uns, wenn der »Wind« kam.

Einer der ersten argen Föhnstürme, die wir erlebten, ist es wert, geschildert zu werden. Es war ein besucherreicher Tag, in der Küche ging das Brennholz aus, einige Gäste warteten noch auf den Kaiserschmarren und ich stellte das Ansinnen, Loisi solle zwischen den Sturmböen versuchen, ein wenig Holz hereinzuholen. Mutig öffnete sie die Hüttentür und lief hurtig zum Holzplatz, der neben der Hütte in einer tiefen Mulde war. Mit einem Arm voll Brennholz wagte sie zwischen zwei Böen den Anlauf in Hütte, aber die nächste Böe kam schneller als gedacht, riss ihr das Holz aus dem Arm und ihre fesche Gretl-Frisur samt Haarnadeln und Spangerl vom Kopf.

Einmal in sieben Sommern dauerte ein solcher Sturm drei Tage und Nächte lang. Paula war mit ihren beiden Kindern bei uns. Johanna, unsere Tochter, gut zwei Jahre alt, war auch mit auf der Hütte, Karl, Jakob und ich, also die »vollzählige Mannschaft«.

Am Nachmittag fing es schon an. Die Windböen verstärkten sich, die Gäste, die noch ins Tal wollten, machten sich schleunigst zum Abstieg bereit, und wir taten unsere Arbeit. Nach dem Abendessen brachten wir die Kinder zu Bett. Nachdem dann alles fertig war, versuchten auch wir, ein wenig Ruhe zu finden, schlafen konnten wir aber nicht recht. Der Sturm hielt an, am nächsten Morgen also ging Karl mit dem Fuchs, beladen mit Leergebinde, ins Tal; beim Holz gab es eine Menge Arbeit. Gegen Nachmittag verstärkte sich der Föhnsturm, über der Scharte fiel er herunter auf den See und prallte orkanartig an die Hüttenwand, das Ächzen der Balken wurde beängstigend.

Einige Bergsteiger, die auf besseres Wetter warten wollten, fanden das Warten aussichtslos und stiegen ab. Wir blieben zurück, drei Kinder und drei Erwachsene, und hofften, dass der Wind in der Nacht aufhörte. Davon war keine Rede, beim ersten Morgengrauen kroch ich aus dem Bett und ging im ersten Stock im Flur zum Fenster, um nach den Wolken zu schauen. Da sah ich, dass sich hinter der Fahnenstange zwischen den Steinblöcken etwas bewegte. Ich holte Jakob.

»Oje, schade um das schöne Boot!«, sagte er erschrocken.

Ein etwa fünf Jahre altes Ruderboot im besten Zustand hatte dem Sturm nicht standgehalten. Es hatte an seinem Ankerplatz an einer ruhigen Stelle im See gelegen, gut befestigt und sorgsam mit Steinen beschwert, sodass es an der seichten kleinen Bucht fest im Wasser lag. Jetzt lagen die Planken wie geknackte Nussschalen verstreut zwischen den Steinen verklemmt. Das traf uns wie ein Blitz. Wir zogen uns an, um nachzuschauen, was noch alles passiert war. In der Küche lugte ich aus dem Fenster, und zu meinem Entsetzen sah ich unterhalb der Hütte Wäschestücke an den Steinen kleben. Tags zuvor hatten wir eine Menge Bettwäsche zum Waschen gehabt. Diese hatten wir aber nicht zum Trocknen aufhängen können, weil der Föhnsturm kam, also hatten wir die Wäschestücke in den großen Waschtrog gelegt, Wäschestücke für etwa 15 Betten. Wir hatten den Trog, der immer an der Hüttenwand stand, mit Wasser gefüllt, das lange Brett daraufgelegt und es mit zwei großen Steinen beschwert; wenn der Wind nachlassen würde, käme die Wäsche auf die Leine. Mit dieser Übung hatten wir ja schon oftmals Erfahrung gesammelt.

Beim Fenster in der Gaststube Richtung Fahnenstange in der tiefen Mulde war das Brennholz, dort lag auch der Waschtrog, der war wenigstens ganz geblieben.

Zwischen den Windböen versuchten wir, zu den Tieren zu kommen, zum Füttern und um die Geißen zu melken.

Es war nicht daran zu denken, dass die Kinder aus der Hütte konnten. Der Sturm hielt den ganzen Tag und die ganze Nacht an. Ein wenig Angst beschlich uns: Was machten wir mit den Kindern? Paula sagte: »Ich bleibe heute mit den Kindern in der Küche.« Also beschlossen wir, ein paar Notlagermatratzen zu holen, und legten uns allesamt auf dem Küchenboden zur Ruhe; die Kinder schliefen erst spät ein, sie waren unruhig, aber doch müde. Das war jetzt die dritte Nacht, in der wir kaum Schlaf fanden. Beim Hellwerden am Morgen ließ der Wind nach, und es wurde ruhig, die weißen Schaumkronen auf dem See glätteten sich, und der Tag wurde normal.

Erst jetzt sahen wir, dass eine Seilverankerung auf der rechten Seite an der Hütte gerissen war. Gott sei Dank war nichts passiert.

Die Wäsche suchten wir unterhalb der Hütte bei den Steinblöcken zusammen, fanden auch bis auf ein oder zwei Stück alles. Das Wetter besserte sich, und nicht weit vom großen Stein kam Karl mit dem Sam, hinter ihm die ersten Gäste. Ein neuer Tag fing gut an. Aber das Boot – die Kinder waren traurig, wir auch, denn so ab und zu in einer freien Stunde über den See zu rudern war ein schönes Freizeitvergnügen. Damit war es nun vorbei.

Wie fast überall gab es auch da ein Aber. Gäste mit Kindern, auch Bergwanderer, wollten bei sonnigem Wetter das Boot gerne mieten. Das ging nicht, es gab keine Lizenz für die Bootsvermietung, und es haftete keine Versicherung, wenn etwas passieren würde. Wir mussten diesen Wunsch abschlagen und öfter auch begründen.

Am nächsten Tag kam die Nachricht von der gerissenen Seilverankerung zur AV-Stelle nach Krimml und umgehend erschienen die Arbeiter auf die Hütte, um den Schaden zu reparieren. Die Arbeiter stellten fest, dass die zweite Verankerung auch nicht mehr lange standgehalten hätte. Wer weiß, wie sehr das Hüttchen vor dem Umbau dem Wind ausgesetzt war, aber dafür lawinensicher auf dem Bergrücken stand, und wer einmal einen Föhnsturm auf der Zittauerhütte erlebt hat, kann sich vielleicht vorstellen, dass man auch Angst kriegen konnte bei derartigen Stürmen.

Eine besondere Erfahrung ist immer wieder ein Aufstieg auf die Zittauerhütte in dieser in meinen Augen ganz besonderen Landschaft – wenn sie sie doch alle so sehen könnten, die da einmal unterwegs sind, wie ich sie immer sah. Zwischen großen Zirben und Almrosengebüsch sieht man von der Drisslalm das schöne Panorama der Reichenspitzgruppe. Für mehr als ein Dutzend Dreitausender und einen herrlichen Gletscherbruch ist die Hütte der Ausgangspunkt für die Touren.

Die Perle dieser Kulisse ist der untere Wildgerlos-See. Ein ca. 11 ha großer Gebirgssee, 40 Meter (?) tief soll er sein – und das in 2.330 m Seehöhe! In klaren Mondnächten spiegeln sich das ganze Gebirgspanorama und die Hütte im See. Je nach Wetter schimmert er grün oder blau oder auch bedrohlich schwarz, wenn Föhnstürme übers Gebirge fegen und die Wellen mit weißen Schaumkronen an die Felsen klatschen.

Direkt am See ist eine Steinhütte, jetzt für die Ziegen, das Saumpferd und zwei Schweinchen als Behausung genutzt, auch ein wenig Futter und Stroh finden noch Platz.

Oberhalb vom Klamml ist ein großer Stein mit einem weithin sichtbaren Stein-Mandl. Der große Stein liegt wohl seit ewigen Zeiten an dieser Stelle, er wäre auch ohne Stein-Mandl Wegweiser genug. Im Schutz dieses Steines brütet eine Schneehenne. Eine wahre Freude, wenn man das seltene Glück hat, die Henne mit ihren Küken auf Futtersuche zu sehen. Beim Felsrücken neben der Hütte, auf der auch der Fahnenmast steht, wohnt eine Murmeltierfamilie in ihrem

Bau. Ein himmlisches Vergnügen, die Kleinen beim Spielen zu beobachten!

Leider ist es mit dieser Idylle bald vorbei; wenn Gäste kommen und Bergsteiger die Umgebung erkunden, wird es für diese tierischen Bewohner zu laut.

Oft fragte ich mich, worüber ich mich mehr freute, über die ersten Gäste oder das hier oben beheimatete Leben und die ganze Gebirgsschönheit. Das alles und viel, viel mehr gehört zu einem Bergsommer.

Ein paar Anekdoten aus meinen Erinnerungen möchte ich festhalten, weil sie einfach nicht zu vergessen sind:

Karl und sein Fuchs, ein kräftiger Haflinger-Mischling, waren ein zusammengeschweißtes Team. Unermüdlich verrichteten sie die tägliche Transportarbeit. Karl war überhaupt der umsichtigste und auch der erfahrenste Mensch in unserem Hüttenleben.

Bei den Warenlieferungen, die durch die Milchfahrer Hans und Ernst immer hervorragend klappten, wusste Karl auch ohne besonderen Auftrag ganz genau, was am nötigsten gebraucht und als Erstes auf die Hütte gebracht werden musste. Bei Tagesgrauen sattelte er seinen Fuchs, belud ihn mit Leergebinde, dann stiegen sie in die Finkau ab. Bei gutem Wetter gönnten sie sich nur eine kurze Pause nach dem Abladen, dann ging es mit neuer Last wieder auf die Hütte. So gegen zehn, elf Uhr waren sie oft schon wieder zurück.

Karl sattelte ab, gab dem Fuchs eine Schüssel Hafer und entließ ihn auf die Weide; in Richtung der Wasserquelle wuchsen besonders saftige Gräser und Kräuter. Die Waren brachte er an Ort und Stelle. Dann erst kam Karl in die Küche, trank ein Krügerl Skiwasser und aß einen Teller Suppe. Zuerst aber schaute er immer in die Töpfe auf dem Herd, gleichzeitig berichtete er uns, auf wie viele Gäste wir uns einstellen mussten. Karl war ein aufmerksamer Beobachter von Mensch, Tieren und dem Wetter und ein Helfer besonderer

Art. Er griff immer dort zu, wo es notwendig war, ohne Aufforderung, war immer guter Dinge und hatte stets auch seine – manchmal recht deftigen – Sprüche parat.

An solchen Tagen, wenn es das Wetter zuließ, ging er meist mit seinem Pferd ein zweites Mal auf den Salzboden, um Brennholz zu holen.

Heute war ein solcher Tag: Freitag, ein schönes Wochenende stand bevor. Unser kleines Transistorradio hatte es angekündigt. Nach und nach füllten sich die Hütte und somit Lager und Betten. Nachdem die Gäste ihren Schlafplatz gesichert hatten, gingen sie ins Freie. An so einem angenehmen lauen Tagesschluss am See zu sitzen und träumend auf die Reichenspitze und die Gipfel rundum zu schauen, waren einzigartige Erlebnisse.

Karl und Fuchs kehrten mit einer Trage Holz zurück und wurden gebührend bewundert, der Fuchs bedauert wegen der Schufterei, die ihm aufgebürdet wurde.

Karl verrichtete alles wie immer und brachte das Pferd auf den Grasplatz. Einem jüngeren Ehepaar, das den Fuchs ständig tätscheln und streicheln wollte, brachte er zum x-ten Mal bei, dass das Pferd jetzt müde sei und seine Ruhe brauche. Er kam in die Küche, tat wie immer, wir waren mit dem Nachtessen beschäftigt. Karl saß unruhig bei seiner Suppe.

Jakob kam aus dem Gastzimmer: »Karl, ich gehe jetzt hinaus und sag den Leuten, dass sie das Pferd in Ruhe lassen sollen.« Ein Gast hatte ihn darauf aufmerksam gemacht, dass die Leute dem Pferd nicht von der Seite wichen.

Aufgebracht kam ein wenig später die junge Frau mit ihrem Mann in die Küche. Er schimpfte: »Der Gaul hat sie gebissen!«

Ungeachtet der Arbeit ließ ich mir die Stelle zeigen: ein rotblauer Fleck auf der Brust. Ja, und die Schuldfrage? »Sie wollte das Pferd doch nur streicheln, sie hätte es bestimmt unterlassen, hätte sie gewusst, dass der Gaul bösartig ist!«

Aussagen solcher Art schmerzten mich, *in* der Brust, nicht *auf* der Brust.
Wir versorgten die Frau mit unseren Mitteln, die uns zur Verfügung standen, getröstet habe ich sie nicht. – Leider mussten die Gäste wohl oder übel doch ihren Schlafplatz in Anspruch nehmen, es dunkelte schon, und ein Abstieg war nicht mehr möglich. Manche Gäste, die die Pferdeliebhaber beobachtet hatten, schüttelten den Kopf.
Die Sache hatte ein Nachspiel, das sich aber zu Gunsten von Karl, Fuchs und uns erledigte. Die AV-Sektion der Zittauer Hütte hat sich mit dem Rechtsschutz eingeschaltet und die Angelegenheit gerichtlich ausgefochten, die eindeutig zu unseren Gunsten entschieden wurde. Eigenverantwortung wird so oft nicht wahrgenommen, und wenn etwas passiert, gleich ein Schuldiger gesucht, ob zu Recht oder nicht.
Diese Erinnerung fällt nicht unter die guten!

»Geißenrettung«

Otto kam jeden Sommer zwei- bis dreimal mit privaten Leuten auf die Zittauerhütte, um mit ihnen einen Bergsteigerkurs abzuhalten.
Lisei entwickelte eine besondere Beziehung zum Bergführer Otto, sowie dieser eine besondere Beziehung zur Küche hatte.
Otto war ein sehr verantwortungsbewusster Bergführer und bei den Leuten beliebt und geschätzt. Die Touren begannen so um 5 Uhr, sein Bestreben war es, spätestens gegen 13 Uhr zurück auf der Hütte zu sein. Gewitter im Hochgebirge sind nicht ungefährlich, und Otto wollte mit seinen Leuten nicht in ein solches geraten.
Wenn die Gruppe von der Tour zurückkam, führte Ottos erster Weg in die Küche, er inspizierte Töpfe und Pfannen

und langte ab und zu nach einem Bissen, dabei tat er kund, dass alle einen Mordshunger hätten und sich auf das Essen freuten.

Einmal geschah es, dass Lisei die Inspektion von Otto schlichtweg eine »Frechheit« fand, und Karl war da ganz ihrer Meinung. Karl, der um die Mittagszeit schon meist mit seinem Sam auf der Hütte war, gab dann seine Kommentare ganz nach Lisei's Geschmack dazu.

Wir, Jakob und ich, schenkten dem Geplänkel keine Beachtung, bis sich Folgendes zutrug:

Ein schöner Sommertag, Karl kam recht früh mit seinem Sam auf die Hütte zurück. Wie immer trug er die Ware dorthin, wo sie gelagert wurde, versorgte sein Pferd und trank schließlich einen ordentlichen Schluck Skiwasser, nahm sich einen Teller Suppe und langte auch schon bei der Arbeit dort zu, wo es nottat.

Auffällig waren an diesem Mittag die Sprüche von Karl.

Lisei stand ihm um nichts nach.

Jedenfalls, der Kurs kam von der Tour zurück. Gerade, als sich die Leute ihrer Schuhe entledigt hatten, ging Karl zu ihnen hinaus.

Zu dem Zeitpunkt waren circa 30 Tagesbesucher im Gastraum, hungrig und durstig. Kurz, wir hatten zu tun.

Bei meinen nachträglichen Recherchen stellte sich Folgendes heraus: Karl war aufgeregt zu Otto gegangen und bat ihn, doch die Geißen aus der misslichen Lage zu befreien, bevor etwas passierte. Die Geißen waren im Klamm eingestiegen und konnten weder vorwärts noch zurück.

Wie wir später erfuhren, packte Otto etwas übereilt seine Sachen, zwei Burschen vom Kurs boten freiwillig ihre Hilfe an. Sie rannten mit Seil und Pickel Richtung Klamml. Karl wollte nachkommen.

Stattdessen aber kam er zurück in die Küche, rieb sich die Hände und schaute beim Küchenfenster talwärts Richtung Klamml.

Lisei grinste über das ganze Gesicht, das habe ich gesehen, ohne mir dabei etwas zu denken. Jakob kam aus der Gaststube: »Der Kurs kann jetzt essen, es ist Platz.«

Lisei hatte es eilig, das Geschirr türmte sich, und doch fand sie immer wieder einen Moment Zeit, um einen Blick aus dem Fenster zu werfen. Das Essen für die Leute vom Kurs war bereit.

Nun registrierte ich allmählich, dass irgendetwas im Gange war.

Lisei schaute eben wieder aus dem Fenster in Richtung Tal, als sie mit einem Mal rief: »Karl, schau!«

Karl schaute auch beim Fenster hinaus: »Genau richtig!«

Jetzt wollte ich wissen, was »genau richtig« war.

Karl erklärte: »Ja, dass die Geißen jetzt bei der Reib heraufkommen!«

Ich staunte: »Ja und?«

»Da braucht Otto mit seinen Leuten nicht ganz zum Klamml hinunter, beim großen Stein sind sie gerade vorbei.«

Lisei erklärte es mir: »Die Geißen sind halt im Klamml eingestiegen, und der Karl hat halt gemeint, sie wären allein nicht rausgekommen, so hat er Otto um Hilfe gebeten.«

Schadenfrohes Grinsen.

Schließlich und endlich kam heraus, Lisei und Karl hatten sich vorgenommen, Otto die mittägliche Kücheninspektion einmal gründlich zu versalzen.

Karl kannte sich bei Mensch und Vieh aus. An diesem Vormittag waren die Geißen beim Klamml drunten, wie so oft. Seiner Zeitrechnung nach müsste es klappen, dass die Tiere so lange im Klamml blieben, bis Otto mit seinen Leuten von der Tour zurück war und er ihn um Hilfe bitten konnte. Sonst wäre die Kurswoche vorbei gewesen, ohne dass Lisei und er »Salz in Ottos Suppe getan« hätten. Gott sei Dank, dass sich solche Scharmützel ohne bitteren Nachgeschmack bereinigen ließen!

Wo ist die Lauge?

Den vierten Sommer waren wir schon auf der Zittauerhütte. Im Frühjahr konnten wir es kaum erwarten, bis sich der Schnee ins Hochgebirge verzog. Im Tal fing es an zu wachsen, auf den höher gelegenen Wiesen blühte schon der Enzian, und für uns wurde es Zeit, sich für den Sommer auf der Hütte zu rüsten. Meist Anfang Juni gingen Jakob und ich hinauf, um nachzuschauen, ob Weg und Hütte den Winter gut überstanden hatten und wie es mit den Lawinen ausschaute.

Es gab immer ein leises Aufatmen, wenn der Winter alles unbeschadet gelassen hatte. Am 15. Juni ging es dann mit dem üblichen Transport hinauf in den Bergsommer. Ein paar Tage nach uns kamen Paula und Gisela, Günter kam erst nach Schulschluss.

Da, glaube ich, bedarf es jetzt einer kurzen Erklärung: Die spätere Hüttenwirtin, Paula Schulze, hat einige Sommer bei uns gearbeitet. Man muss wissen, dass zu dieser Zeit der Fremdenverkehr immer mehr wurde, dadurch waren die Arbeitskräfte knapp. Gastarbeiter gab es noch nicht. Die Motorisierung schritt rasch voran. Das Leben pulsierte, jeder versuchte, sich etwas zu schaffen, eine Wohnung, ein Häuschen. Das Handwerk im Besonderen, alles, was mit Bauen und mit Gastgewerbe zusammenhing, konnte die Aufträge kaum bewältigen. Die Nachkriegszeit brachte den Menschen viele neue Möglichkeiten, die voll genutzt wurden, der Fleiß war unendlich.

Paula erklärte sich bereit, uns auf der Hütte zu helfen, wenn die zwei Kinder, Gisela und Günterl, mitkommen könnten. Ich bin heute noch froh, dass es diese Lösung gab. Die beiden Mädchen mussten sich ja im Herbst des dritten Sommers nach einem Ganzjahresposten umsehen, sie würden sich bald ihren Lebensunterhalt selbst verdienen müssen, dafür waren drei Monate im Sommer zu wenig.

Es waren schöne Sommer mit Paula und den Kindern, Gisa (4 Jahre), Günterl (10) und unsere Johanna (2). Es hat uns schon auch manches Herzklopfen verursacht, wenn uns die Arbeit so gar keine Zeit ließ, nach den Kindern zu sehen. Aber wir hatten ja brave Kinder.

Spielsachen gab es kaum, eine große Schüssel mit Wasser vor der Hütte ersetzte den See; diesem mussten sie ganz einfach fernbleiben, und das taten sie auch.

Der Ersatzsee hatte halt auch seine Tücken. Mütter sind meist stolz auf ihre Kinder, auch ein wenig eitel, wir wollten, dass sie immer nett angezogen waren, wenn Gäste kamen. Doch leider, spätestens nach zwei Stunden waren die beiden Mädchen patschnass – überlege einmal einer, welche Arbeit das Bügeln eines Dirndlkeidchens verursacht, wenn man nur ein Kohlebügeleisen hat.

Unsere Geißen wurden immer zutraulicher. Wenn die Bergsteiger von den Touren heimkamen, sofern es das Wetter zuließ, entledigten sie sich meist vor der Hütte ihres Schuhwerks und der verschwitzten Kleider. So mancher wagte einen Sprung in den kalten See – 7 bis 9 Grad –, um nachher köstlich erfrischt und wohlig warm in der Sonne zu trocknen. Um diese Zeit hielten sich die Geißen schon öfter in Hüttennähe auf; wenn jemand einen Rucksack einladend offen ließ, wurde dieser inspiziert. Einen Keks oder Ähnliches haben sie sicher manchmal gefunden, nach ihrem Verhalten zu schließen.

Günterl hatte den Auftrag, die Geißen von den Gästen fernzuhalten, doch beileibe nicht zu verärgern. Geißen sind schnell beleidigt, das bekommt man schon gleich zu spüren, wenn sie abends nicht heimkommen. Geißen suchen ist in dem felsigen Gelände eine herzbeklemmende Sache, im Besonderen, wenn der Nebel einfällt. Eines solchen Sommertages hatte Paula in aller Früh Wäsche ausgekocht. Das musste in einem großen Waschkessel auf dem Küchenherd geschehen, die Wäschelauge, die übrig blieb, benutzten wir immer zum Putzen der Holzfußböden. Mittags war viel zu tun, so gegen 15 Uhr war das Mittagessen vorüber, und ehe die neuen Gäste, die »Übernächtler«, eintrafen, mussten Gaststube und Küche wieder sauber sein. Die Geißen waren schon länger in Hütten- und Gäste-Rucksacknähe. Jedenfalls, wir hatten es eilig. Paula rief Günter, er solle mit dem Eimer Lauge holen. Günter kam mit dem Eimer: »Da ist keine Lauge!«

Paula schickte den Buben noch einmal los: »Schau halt! Hinter der Hütte im großen Kessel!«

Günterl kam wieder unverrichteter Dinge.

Paula schnappte den Eimer und ging selbst. Ganz entrüstet kam sie zurück. »Da ist wirklich keine Waschlauge mehr, in dem unteren Teil des Kessels, der, wenn die Ringe am Herd weggenommen werden, direkt in das Feuer gestellt werden kann, ist noch ein klein wenig. Es wurde auch nicht ausgeschüttet, die Kinder wären dazu nicht imstande gewesen. Und sonst, wer tut so was?«

Wir mussten trotzdem die Fußböden schrubben. Die Böden waren noch nicht ganz trocken, da ging es in der Gaststube und in der Küche weiter. Karl und die Kinder machten sich auf den Weg, um die Tiere zu versorgen, im nächsten Moment kam Karl zurück, mit dem Zeigefinger bedeutete er nachdrücklich: »Kommen und schauen – da ist die Lauge!«

Die ältere Geiß stand vor der Hütte auf dem Felsrücken, mit gespreizten Beinen, einem vollen Euter und einem riesigen, wirklich riesigen Bauch. »Da ist die Lauge.« Die Geiß hatte den Deckel vom Waschkessel geschoben und die Flüssigkeit zur Gänze getrunken. Wir mussten dieses Mirakel den Kindern und Karl überlassen, mangels Zeit.

Gisa meinte: »Aber die kleine Geiß hat auch einen dicken Bauch.« Durchfall und Appetitlosigkeit waren die Folgen des großen Durstes. Nach drei Tagen haben sie sich wieder erholt und wir uns »vom Wundern« auch. Eine Woche lang haben sie weniger Milch gegeben, und der Deckel vom Waschkessel wurde in Zukunft mit einem ordentlichen Stein beschwert.

Der Badesee und ein prachtvoller Tag

Karl rüstete mit einer Menge Leergebinde zum Abstieg in die Finkau, um »Nachschub« zu holen. Es schien ein heißer Tag zu werden, und Karl meinte: »Heute kommt ein Gewitter.« Einige Bergsteiger wollten auf die Reichenspitze, einige über die Reinbachscharte nach Krimml, also allgemeine Aufbruchsstimmung. Wir machten den Gastraum sauber und für die nächsten Gäste bereit. Es war halb sechs, höchste Zeit, die Tiere zu versorgen. Das übernahm Lisei mit besonderer Freude; die Geißen erhielten immer ein wenig Kleie oder ein wenig Brot, damit sie wussten, dass es daheim etwas Gutes gab.

Als Nächstes hieß es Decken ausschütteln, Polster beziehen, Lager und Betten in Ordnung bringen, WC putzen – wir hatten damals schon Toiletten mit Wasserspülung. Das alles war zeitaufwändig, also sputeten wir uns. Um spätestens 9 Uhr musste in der Küche die Arbeit beginnen: Vorbereitungen fürs Menü, Suppen und Bergsteigeressen, Erdäpfel schälen, Salat waschen, Kuchen backen, besonders beliebt war der Zwetschgenkuchen. Ein Blick aus dem Fenster sagte uns, dass die ersten Gäste in der nächsten halben Stunde da sein würden. So um Mittag zogen Wolken auf und verdeckten immer wieder die Sonne, und der Wetterwind meldete sich auch. Das Gastzimmer füllte sich, und wir hatten Eile. Bald schon donnerte und blitzte es, einige Leute wollten noch gleich absteigen, andere das Wetter vorübergehen lassen.

Auf jeden Fall wollten sie so rasch wie möglich etwas zu essen und etwas zu trinken, eine Ansichtskarte schreiben und die Frage beantwortet haben, ob das Wetter in den Bergen immer so rasch umschlage. In solchen Situationen war ich immer froh, dass meine Arbeit in der Küche war.

Jakob kam ganz schön ins Schwitzen. Bald fing es an zu schütten, der Wind peitschte den Regen an die Hüttenwand, bei den Fenstern lief das Wasser herein, Blitz und Donner waren eins. Da tauchten noch fünf oder sechs Leute, gänzlich durchnässt und zerzaust, in der Hüttentür auf. Diese riss ihnen der Sturm aus der Hand und knallte sie an die Wand zurück. Im Gastraum war einfach kein Platz mehr, also bot ich ihnen den Küchentisch an, mit der Bank ringsum. Fast leere Salatschüsseln, Kuchenblech und Sonstiges räumten wir weg, an unserem Arbeitsplatz wurde es immer enger. Damit hatten wir aber kein allzu großes Problem – wenn ich aber jetzt die Gäste anschaute, die triefend nass mit leichten Halbschuhen, Sommerkleidchen, kurzen Hosen und hemdsärmelig ganz verzweifelt in der Küche standen, hatte ich allerdings eines. Einer jungen Frau rannen die Tränen übers Gesicht.

Trockene Handtücher, ein paar warme Decken und ein »Enzian« linderten fürs Erste das größte Missgeschick.

Es kann sich sicher mancher vorstellen, wie die weitere Trockenlegung und Labung unserer Gäste vor sich ging. Nur im Hinblick auf den Abstieg dieser Bergsteiger bekam ich erhebliche Bedenken. Bei den Schuhen einer jungen Frau klappte die Sohle herunter, bei der zweiten der Absatz. In der bunten Tasche mit großen Trageschlaufen waren Badesachen, die vom Regen völlig durchnässt waren. Nachdem sich die Leute etwas beruhigt hatten und das Gewitter als großes, gewaltiges Erlebnis ihres Ausfluges ins Hochgebirge zu sehen begannen, fragte ein Herr so ganz nebenbei nach der Temperatur des Wassers im unteren Wildgerlos-See.

Ich hatte mir schon fast gedacht, dass es da einen ordentlichen Informationsmangel gab. Zum Glück, wie so oft, kam wieder die Sonne und trocknete alles. Wir, die Hüttenmannschaft, hatten ja alle Bergschuhe, die wir während der Arbeitszeit nicht brauchten, und die passten den Damen auch.

Sie, die Badegäste, kamen wieder gut ins Tal, unsere Schuhe – mit bestem Dank und lieben Grüßen – auf Fuchsl's Rücken auf die Hütte zurück.

Vierzig Jahre »Alpenverein«

Zum Hüttenleben und zu einem Bergsommer gehören viele Geschichten, bunt wie die Bergblumen. Ein paar unvergessene möchte ich gerne festhalten.

An einem 15. August, einem Bilderbuchtag, fast unwirklich, so schön, machten sich die ersten Bergsteiger um halb fünf von der Hütte auf den Weg zur Reichenspitze. Ein verlängertes Wochenende stand bevor, und bei so schönem Wetter waren viele Gäste zu erwarten, meistens mehr, als Platz vorhanden war.

Vorsorglich nahmen wir schon für eventuelle Notquartiere alle doppelten Decken von den Lagern und Betten und brachten sie gleich beim Aufräumen in das kleine Lager, um sie bereit zu haben. Die Zittauerhütte hatte damals 30 Schlafplätze, davon 22 Lager und 8 Betten. Auf dem ersten Stiegenpodest gab es zwei WCs und ein kleines Emailwaschbecken, abgeschirmt mit einem Duschvorhang.

In den Lagern und Betten waren dreiteilige Rosshaarmatratzen. Auf dem dritten Stiegenpodest befanden sich noch zehn Schaumgummimatratzen für Notlager. Gegen Mittag waren schon so viele Schlafplatz-Anwärter da, dass wir beschlossen, die Schlafplätze erst ab 18 Uhr zu vergeben. AV-Mitglieder hatten den Vorzug. Der Versuch, alle Gäste mit Essen und Trinken zu versorgen, gelang schlecht und recht – Hauptursache: Platzmangel. Die Verteilung der Schlafplätze war schwierig. Wir hatten alles doppelt belegt und für jede Notlagermatratze zwei Personen vorgesehen. Gezählte Gäste in und um die Hütte waren etwa 120. So gegen 21 Uhr verzogen sich alle, die eines hatten, in die Betten und Lager. Viel zu früh an so einem schönen Abend. Ich weiß nicht, wie viele umsonst auf die Notlager gewartet haben.

Nachdem es ein so schöner Hoher Frauentag (ein Marien-Feiertag) war mit einer Vollmondnacht ohne Wind, beschlossen wir, Tische und Stühle vor die Hütte zu stellen; bei diesem Wetter konnte nichts passieren. Die Notlagermatratzen verteilten wir dann in der Gaststube, auch die restlichen Decken, und überließen die Schlafplatzaufteilung mehr oder weniger den wartenden Gästen.

Die Mädchen verdrückten sich nach der Arbeit und meinten, es wäre gescheiter, wenn die Leute den schönen Abend im Freien genießen würden; sie mussten ja um 4 Uhr wieder aufstehen.

An so einem Tag und Abend bei so vielen Gästen könnte man meinen, es wäre ein gutes Geschäft zu machen – dem war nicht so.

Karl sah noch nach den Tieren und Jakob um die Hütte nach dem Rechten, dann wollten auch wir versuchen, ein wenig Ruhe zu finden, der Tag war anstrengend gewesen.

Da rüttelte es an der Hüttentür. Jakob öffnete, und eine ungehaltene Stimme fragte, was hier los sei: »Wir sind 40 Jahre beim Alpenverein und haben Anspruch auf ein Bett!« Drei Herren entsprechenden Alters und mit voller Bergsteigerausrüstung mit AV-Abzeichen auf der Jacke standen in der Hüttentür.

Wir schauten uns ein wenig übermüdet an, dann nahm Jakob die Taschenlampe und leuchtete in den Gastraum. Menschen auf dem Boden und Rucksäcke auf den Bänken, ein Murren kam zurück.

Dann meinte Karl: »Meine Herren, das haben wir gleich, kommen Sie mit!«

Karl und die Herren gingen in Richtung Bootshütte, die zurzeit ein Viehstall war. Wir waren neugierig, was Karl jetzt tun wollte, und gingen hinterher.

Karl machte die Tür zu den Ziegen auf und sagte: »Goißl'n, jetzt müsst ihr heraus, die Herren sind schon viel länger beim Alpenverein als ihr bei der Landwirtschaft.«

Ein Ballen Stroh, ein Liter Rotwein und das leise Plätschern vom See verhalfen den Herren zu einer sicher unvergessenen Nacht.

Wie wir den nächsten Tag gemeistert haben, weiß ich nicht mehr. Auf jeden Fall haben wir uns sehr gefreut, als sich die Herren am nächsten Morgen entschuldigten wegen ihrer Ungehaltenheit. Sie hatten Tische und Stühle an der Hüttenwand gestapelt gesehen und geglaubt, hier würden Orgien gefeiert. Sie hatten gut geschlafen und wohl gesehen, dass am Morgen noch einige hinter Steinen aus ihren Schlafsäcken gekrochen waren.

Abschied vom Hüttenleben

Der letzte Tag auf der Hütte und der Abstieg blieben in meinem Gedächtnis wie der erste Tag und der Aufstieg. Eingebrannt in Herz und Seele.

Mit allem Gepäck zu Hause angekommen, musste zuerst einmal Ordnung geschaffen werden. Als Nächstes stand bei mir eine unaufschiebbare OP an. Ich löcherte unseren alten Dr. Huber, warum das eine OP werden sollte, ob man da nicht doch Medikamente einsetzen könnte? Der Doktor erklärte es mir so (wörtlich kann ich es nicht mehr wiedergeben, aber dem Sinne nach):

»Schau, das ist ein Gewächs, wie ein roter Faden, der sich um dein Herz wickelt und immer fester zusammenzieht, da ist nur eine OP hilfreich und du bist danach wieder gesund.« Sobald die Rosi, eine Kellnerin, die auf einem Berggasthof gearbeitet hatte und mir die Zeit von einem Teil ihres Urlaubs schenkte, zu uns kam, um meine Familie zu betreuen, musste das sein.

Gut drei Wochen dauerte der Aufenthalt im Krankenhaus, und ich denke dankbar an die Rosi zurück. Wir haben uns noch öfter geschrieben, dann hat sie geheiratet und ich habe nichts mehr von ihr gehört.

»Hausfrau«?
1960 – ein kurzer Rückblick

Ein notwendiger Arztbesuch kündigte sich an, es ließ sich nicht aufschieben, also ging ich gleich nach Saisonende in die neue Arztpraxis.

Ein junger Arzt, namensgleich mit dem geschätzten und beliebten Dorfdoktor, der mit mehr als siebzig Jahren in den Ruhestand gegangen war, hatte diese Praxis übernommen. Er wurde ein guter Diagnostiker, ein gewissenhafter Arzt und ein beliebter Mensch, so wie sein Vorgänger. »Nomen est omen«!

Die Frau Doktor, eine diplomierte Röntgen-Fachkraft, fungierte als Arzthelferin und füllte die Krankenhaus-Einweisung und einen Fragebogen aus, damit nahm sie es genau. Bei der Frage nach meinem Beruf lautete meine Antwort:

»Hausfrau und drei bis vier Sommer Monate Hüttenwirtin!« Sie blickte mich kurz an und machte die Papiere fertig.

Um es gleich vorweg zu sagen, ich war nach ein paar Tagen wieder daheim und dankte Gott, dass der Tumor in der Brust nicht bösartig war. Der junge Arzt hatte recht gehabt, aber er und ich wollten Gewissheit haben.

Vor ein paar Jahren hatten wir das Haus, in dem wir wohnten und das noch zur Hälfte im Rohbau stand, gekauft und das Wohnrecht für die Mutter des Verkäufers übernommen. Unser Kapital zu diesem Kauf waren ein halbfertig einbezahlter Bausparbrief und die bescheiden eingerichtete Wohnung im ersten Stock, das heißt das Inventar dieser Wohnung.

Es war Herbst. Eigentlich wurde es ein »Angst-Kauf«, wir wollten die Wohnung schon des Kindes wegen nicht verlieren. Johanna war gerade anderthalb Jahre alt. Der Vermieter hatte uns nach einem halben Jahr – nachdem wir Anfang Mai die Wohnung bezogen hatten, den Sommer über auf der Zittauer Hütte unsere Arbeit verrichteten und Ende September wieder »daheim« ankamen – gekündigt mit der Begründung, er wollte das Haus so rasch wie möglich verkaufen, um ganz nach Vorarlberg in seine Heimat überzusiedeln. Er wusste, dass wir die Miete ein Jahr im Voraus bezahlt hatten, darüber ließe sich verhandeln, seine Lebensveränderung sei jedoch unumstößlich, so wie seine Bedingungen. Wir erbaten uns ein paar Tage Bedenkzeit. Ich hatte einen Bekannten im Gemeindeamt, von dem ich glaubte, dass er etwas von Kauf- und Mietrecht verstand. Der Rat dieses Bekannten namens Josef lautete: »Was könnt ihr verlieren? Wohnungen gibt es einfach keine. Die wenigen Hausbesitzer, die ein paar Zimmer frei haben, vermieten sie an Sommergäste, und diese werden alle Jahre mehr, so wie es aussieht.«

Nun versuchte ich noch, bezüglich der Geldfrage von Josef einen Rat zu bekommen.

Er verwies mich mit einer Empfehlung an die Bank, die ich umgehend aufsuchte. Nachdem ich dem Herrn Direktor unsere Sachlage dargelegt hatte, blätterte er in einigen Akten und machte sich Notizen. Kurz darauf erhielt ich die Antwort: »Alles ist möglich!« Wir brauchten nur noch zwei Bürgen zum üblichen Grundbucheintrag. Eine unerwartete Antwort. Ich hatte gedacht, das Haus mit dem Grundstück würde für sich selbst genügen als Sicherheit für die notwendige Summe – dem war nicht so. Oder lag es nur am fehlenden Verhandlungsgeschick?

Die Worte »Was könnt ihr verlieren?« hämmerten in meinen Kopf. Zu Hause ging ich in den noch nicht ausgebauten Teil des Hauses, setzte mich auf eine Kiste und sah mich ratlos um. Was würde uns unter diesem Dach erwarten? Unentschlossenheit war auch keine Lösung. Auch wenn ich bei diesen Gedanken allen Mut zusammennahm, blieb ein flaues Gefühl in der Magengegend – wie ich auch alles drehte und wendete, wusste ich doch, dass mein Mann auch keinen hilfreichen Weg wissen würde, der unser Problem lösen konnte. Ich für mich wusste, wen ich zu diesem Zwecke überhaupt fragen konnte, bei meinem Mann war die Sache schwieriger.

Das Grundstück mit dem Haus war von der gut zwei Hektar großen Wiese – die bereits verkauft war – rundum mit Stacheldraht abgezäunt. Das Grundstück gehörte also zu dieser Wiese, mit dem Verkauf an uns fehlte eine Ecke im Ganzen.

Solche und ähnliche Argumente mögen für meinen Mann die Verhandlung mit seinem Bruder wegen der Bürgschaft sicher erschwert haben. Zumal eben dieser Besitzer der Wiese in der Gemeinde ein großes Wort zu reden hatte, zusätzlich längere Zeit Jakobs Arbeitgeber war. Um eine gute Lösung zu finden, fehlte es auch an Zeit, der Verkäufer wollte alles rasch hinter sich bringen, ihm war es ganz egal, von wem er das Geld bekam, weil ja außer uns noch ein potenzieller Käufer da war.

Im größten Notfall würden die Meinen für mich die alleinige Bürgschaft leisten. Das Haus steht an einem wunderschönen Platz, nahe am Ortszentrum, und wie es aussah, würde es seinen Wert behalten. Zur Bedingung stand aber, dass die Grundbucheintragung nur auf meinen Namen lauten müsse. Das wollte dann der Bruder meines Mannes doch nicht, Gründe dafür existierten allerhand und kratzten vermutlich auch am Ehrgefühl der Familie.

Unser beider Auffassungen von Lebensmut und Sicherheitsdenken wurden mir immer klarer und hätten unterschiedlicher nicht sein können. Auch bei einer so schwerwiegenden Entscheidung wie bei diesem Hauskauf blieb das endgültige Ja oder Nein, der Schiedsspruch, das Wagnis einzugehen oder nicht, bei mir. Eine erdrückende Last im Hinblick auf unsere Zukunft und meine diesbezügliche Unerfahrenheit.

Ich habe mich über den Kauf dieses Hauses sehr oft gefreut, noch öfter habe ich ihn bereut. Als sechsundzwanzigjährige Hüttenwirtin hatte ich meinen Mann kennen gelernt, es war Liebe von Anfang an, und Liebe fragt nicht. Ganz früh in meiner Jugend habe ich gelernt, Verantwortung zu übernehmen; ich empfand dies auch nicht als Last, sondern eher als Herausforderung. Daraus folgt wohl auch die Prägung meines Naturells, ungern um etwas zu bitten, schon gar nicht ein zweites Mal. Was meist zu Folge hatte, wenn ich etwas wollte, es selbst zu tun oder eben bleiben zu lassen – was mir den Ruf einbrachte,»eben aus dem Stamme meiner Mutter zu sein, die sich um jeden Preis durchsetzen wollte«. Nicht ganz zu Recht, wie ich manchmal denke – würden die Leute die Geschichte meiner Mutter kennen, würden sie anders denken.

Mein Mann kommt aus einem guten, ehrbaren Haus und hätte später den elterlichen Hof wohl übernehmen können, wollte aber nicht unbedingt Bauer werden. Nach dem Krieg hat er dann noch ein paar Semester an der Landwirtschafts-Schule absolviert und sich nach einer Arbeit umgeschaut. Sein Onkel war Land- und Gastwirt, vor allem aber Holzakkordant, und brauchte im Besonderen beim Holzeinkauf eine verlässliche Hilfe. Auch beim Abtransport und Verladen auf dem Bahnhof waren Genauigkeit und gewissenhaftes Arbeiten erforderlich. Sein Neffe war dafür der geeignete Mann, mit dieser Tätigkeit verdiente sich Jakob, mein späterer Mann, in den kommenden zehn Jahren sein Geld. Gewohnt hat er meist auf dem elterlichen Hof, wo er auch gelegentlich mithalf. Er hatte noch drei jüngere Geschwister, zwei Brüder, Hausa und Franz, und eine Schwester. Der älteste Bruder Sepp erbte durch die Heirat vom Onkel seiner Frau einen sehr schönen Bauernhof.

Die Bauersleute waren kinderlos, da der vorgesehene Erbe im Krieg gefallen war. Sepp diente auch einige Jahre im Krieg und kehrte Gott sei Dank unversehrt wieder zurück. Er hat sich dann bald nach einer Arbeit umgeschaut und sich auf einem namhaften Bauernhof als Großknecht verdingt, dort die Magd Paula kennen gelernt und sie geheiratet. Die Folge war das überraschende Erbe. Alle freuten sich mit den jungen Leuten und wünschten ihnen das Beste.

Der jüngste Bruder verbrachte auch ein paar Semester auf der Landwirtschaftsschule und arbeitete danach auf einem Großbauernhof, wo er bald die Stellung eines Großknechtes innehatte. Der Vater der Kinder legte großen Wert auf die Landwirtschaftliche Schule für seine Söhne, der Hof war zu klein, um ihnen einen materiellen Wert für einen Start in ihre Zukunft zu geben. Die Schwester machte in Salzburg eine Krankenschwestern-Lehre. Sie wurde später Oberin und war eine beliebte und gewissenhafte Krankenschwester und für viele junge Mädchen, die als Anfängerinnen bei ihr arbeiteten, sehr oft Mutterersatz. Mit der Ernsthaftigkeit, mit der sie ihre Aufgabe verrichtete, wäre kein Platz für eine eigene Familie gewesen. Sie fungierte auch in ihrer Familie überall als Helferin.

Mein Weg war dem Lebensweg meines Mannes nicht ganz unähnlich. Nach den ersten Kriegsjahren waren die Arbeitskräfte meist auf den Bauernhöfen tätig, aber das Leben begann wieder neu, und vor allem die jungen Männer versuchten, Arbeit zu bekommen, die auch gut bezahlt wurde. Die Bautätigkeit kam ins Rollen, so, wie der Fremdenverkehr wuchs, wenn auch spärlich anfangs und nur im Sommer. Großbaustellen wie das Kraftwerk Kaprun liefen auf Hochtouren. Nachdem die Besatzungssoldaten, die Amerikaner, wieder abgezogen waren und das Land wieder frei war, bekamen die Menschen Flügel.

Die Technik überholte sich selbst, in immer schnellerem Tempo. Bei der Arbeit auf den Bauernhöfen ersetzten bald Traktoren die Pferde, Motoren und Maschinen lösten die Arbeitskräfte so weit ab, dass immer weniger in diesem damaligen Hauptarbeitszweig gebraucht wurden; eins für das andere, es vermehrten sich die Handwerks-Betriebe und die Gastronomie. Die jungen Heranwachsenden hörten ganz ausführlich die Schilderungen der Älteren, deren Jugend durch die Vorkriegszeit, den Krieg, die Nachkriegszeit und die Besatzungsjahre so verdorben worden war. Wie ein hoffnungsvoll erwartetes Regime ganze Völker in ein unsagbares Elend geführt hatte, dass ein Vorwärtskommen kaum möglich gewesen war – sie erzählten von den schweren Zeiten, die nun hinter ihnen lagen. Wie glücklich könne man sich schätzen, dass es jetzt anders sei und dass sich jeder zumindest ein Heim schaffen könne und das Leben in besseren Bahnen verlaufe. So auch für uns. Die damaligen jungen Leute haben verstanden, worauf es ankam, sie haben ihr Leben danach ausgerichtet, viel geschaffen und auf vieles leicht verzichten können. Neue Bedürfnisse wurden erst viel später geschaffen mit Angeboten, die dann auch die nachfolgenden Generationen nutzten, bis sie zum Überfluss wurden und die Angst aufkam, dass er sich ins Gegenteil verkehren könnte.

Die Post, die neue Arbeitsstelle, ein Ganzjahresbetrieb

Als Nächstes war die Sache mit der »Post« (dem Gasthof zur Post) zu klären. Ein Haus, wo einst noch die Postillione mit den Pferdekutschen und noble Gäste gastiert hatten.

Der Ursprung dieses Hauses war eine Taverne und geht auf das Jahr 1400 zurück. Seit 1928 hatten die letzten Besitzer einige Änderungen baulicher Art durchgeführt. Von außen waren zugängliche WC-Anlagen gebaut, zu jedem Stockwerk auch auf dem Flur ein Kaltwasserbecken angebracht und elektrisches Licht installiert worden, wohl auch die Küche nach damaligem Stand renoviert. Seit dieser Zeit war in dem Gebäude nicht mehr viel geschehen.

Das Postamt, das damals im ersten Stock lag und von der Straße aus über eine Außenstiege zugänglich war, mit dem Schild »Postamt« über der Tür, ist wohl der ursprüngliche Namensgeber des Gasthofes. Anfang Dezember sollte das »Gasthaus Post« von uns übernommen werden. Die Inspektion in diesem Haus prophezeite mir gleich zu Beginn bei der ersten Besichtigung, dass dies hier kein Daueraufenthalt werden würde. In der Küche gab es von Anfang an laufend Schwierigkeiten, der Herd musste gleich ausgewechselt werden, dann war der Abfluss der Spüle verstopft, nach ein paar Tagen war der Boiler kaputt. Die Schützinger Evi (die Frau vom E-Werk-Lois), die uns beim Herrichten und Einräumen der Küche zur Hand ging, meinte: »Wenn man etwas angreift, geht es in Fransen!«

Die vorherigen Besitzer, die Post-Gret und der Max, schwirrten immer wieder im Hause herum, einige Ungereimtheiten mit der Inventarliste wurden vom neuen Besitzer geregelt.

Von einem nicht definierbaren unguten Gefühl ohne euphorische Hoffnung auf das Kommende konnte ich mich nicht befreien, soviel ich auch überlegte. Im Stillen bereute fast, dass wir die Hüttenbewirtschaftung aufgegeben hatten. Jakob war der Meinung, das gehe sicher gut, meine Bedenken seien müßig und ich sei doch auch sonst nicht so negativ eingestellt.

Anfang Dezember 1962 haben wir unser Glück versucht. Der erste Winter war kalt, viele Baufirmen machten ihre Betriebe zu wegen der Kälte, und die »Stempler« waren unsere Gäste. Sonntags nach der Kirche waren die Gaststube mit Platz für 30 Personen und ein unbeheizbares Nebenzimmer mit Platz für 10 Personen immer gerammelt voll; um 11 Uhr, spätestens 12 Uhr waren die Gaststuben leer. Die Tage tröpfelten so dahin, den Gewinn aus diesem Geschäft brauchten wir für das Heizen.

Das Postamt ist in ein neues Gebäude übersiedelt, und das alte Postamt oberhalb der Gaststube, mit einem Durchgang zum Schlafzimmer oberhalb des Nebenzimmers, war uns als »Pächterwohnung« zur Verfügung gestellt worden.

Wenn in der Gaststube Betrieb war, war die Wohnung eine unruhige Bleibe, im Besonderen, wenn die Kinder schlafen sollten. Das Bettchen für das jüngere Mädchen stellten wir in das Wohnzimmer vor die Tür, im Schlafzimmer verlief hinter der Wand der Kamin von der Küche hinauf übers Dach, daher war das der wärmste Platz. Als es dann Frühjahr wurde und wärmer, inspizierten wir das ganze Haus bis zum riesigen Dachboden auf nutzbare Möglichkeiten. Wir wollten die

»Post« ja so bewirtschaften, dass es für uns, für den Besitzer und für das Haus von Nutzen war. Im zweiten Stock lagen die nobleren Zimmer, mit Einrichtungen nach altdeutschem Stil geschreinert mit einem Kachelofen, viereckig, hoch und mit grünen Kacheln und einer voluminösen Befeuerungsstelle. Nach der ersten Probe, einen Raum zu beheizen, gaben wir uns geschlagen, nach zwei Körben voll verheiztem Holz war das Monstrum kaum lauwarm. Es wurde auch nicht wärmer nach dem zweiten und dem dritten Versuch. Die anderen Zimmer hatten keine Heizvorrichtung. Die Toiletten waren auf dem Gang sowie ein nostalgisches Wasserbecken. In den Zimmern gab es Waschtische mit Schüsseln und Krügen, darunter ein emaillierter Eimer wie damals auf den Schutzhütten auch. Wir haben den Versuch, Gäste zu beherbergen, über das Angebot vom Reisebüro unternommen (das Reisebüro-Hüttchen stand im Postgarten gegenüber) – ein vergebliches Unterfangen. Die kleinen hergerichteten Privatvermieter hatten damals schon fließendes Wasser in den Zimmern!

Also war damit kein Staat zu machen. In diesem Jahr wurde die Ortsumfahrung gebaut, und die Baufirmen suchten für die Arbeiter Quartiere mit Verpflegung. Mit einem einigermaßen annehmbaren Preis sind wir bei diesem Angebot eingestiegen. Kein schönes Geschäft, ich will auch gar nicht lang darüber berichten. Nur so viel, während der Bauzeit sind aus mehreren Bundesländern Arbeiter da gewesen, Ingenieure, Baggerfahrer, Bauleiter, Pflasterer usw. Drei Ehen sind in der Zeit zerbrochen und zur »Baustellentragödie« geworden.

Wir waren auch gar nicht die passenden Wirtsleute für dieses Gasthaus. Ich war froh, dass der Pachtvertrag nur für drei Jahre abgeschlossen war, den ich als Konzessionsträgerin um keinen Preis verlängert hätte. Der Besitzer wollte spätestens nach drei Jahren das Haus umbauen und einen schönen Gasthof daraus machen. Nach Vermessung des bestehenden

Gebäudes stellte sich heraus, dass die Kosten des Umbaus ein Mehrfaches der veranschlagten Umbaukosten betragen würden. Das veränderte die Sachlage gänzlich, letztlich kaufte dann die Gemeinde das ganze Anwesen und es wurde alles abgerissen.

Wir brauchten dringend ein Einkommen, um die laufenden Kosten zu decken. Ich stand mit einer Hilfe in der Küche, Jakob löste die Kellnerin ab in ihrer Freizeit und kümmerte sich um die Ordnung im Haus und auch ums Haus herum. Schweinderl, für die es so alleine in dem großen Poststall viel zu kalt war, hatten wir auch zu versorgen, und die Neuhofwirtin Gretl brauchte öfter jemand zum Tarockieren (ein kniffliges Kartenspiel) – alles in allem eine ziemlich brotlose Beschäftigung. Sicher war es oft lustig, da gäbe es auch eine Menge zu erzählen, aber nur gäääbe!

Der Gastgarten war schier ein idyllischer Ort. Unter Schatten spendenden Linden und Kastanienbäumen haben wir Tische und Sessel aufgestellt, und so manche Gäste haben da ein Mittagessen oder eine Kaffeejause eingenommen. An schönen Sommerabenden versuchten wir das Geschäft mit einem kleinen Gartenfest zu beleben. Drei junge Musiker aus dem Ort, sie nannten sich »Die Pinseljaz«, haben aufgespielt, und wenn es der Wettergott zuließ, wurde es jedes Mal ein fröhlicher, erfolgversprechender Tag und Abend. Die Abende mussten nach dem zweiten Gartenfest schon um zehn Uhr abgebrochen werden, anstatt um zwölf Uhr nach der ortsüblichen Sperrstunde: Für die Nachbarn sei es zu laut. Das bedauerten die Gäste genauso wie wir. Das war nicht einmal eine plausible Erklärung für uns – Jakob wollte aber auf keinen Fall Zwistigkeiten mit den Nachbarn und »der Obrigkeit«, und mir schien alles vergebliche Mühe. Es ging schließlich um die Existenz unserer Familie, die allein vom Einkommen unserer Arbeit abhing, und das war nun einmal das Gastgewerbe. Die Umstände, in die ich mich selbst manövriert hatte mit der Zustimmung, die »Post« zu pachten, brachten das Unternehmen zum Scheitern. Ich hatte geglaubt, mein starkes Naturell würde alle Hürden überwinden, doch mit Widrigkeiten solcher Art hatte ich einfach nicht gerechnet.

Ein paar Erinnerungsbilder an die Faschingszeit. Am Rosenmontag wurde der Brauch vom Kindergartenumzug eingeführt, und der Peter, der »Hausa« und der Anderl haben sich als Musikanten der Sache angenommen. Auf der »Post« spendierten wir den Musikern eine Jause, es wurde jedes Mal eine Mordsgaudi. Die Kinder hatten ihre Freude, als verkleidete Klauen, Hexen, Indianer und allerhand Gestalten durch die Ortsstraßen zu ziehen, danach stand für sie im Kindergarten ein kleiner Imbiss bereit. Das blieb eine Zeit lang Tradition, bis sich allgemein die Bräuche veränderten. Leider ist wie so vieles mit der schneller und besser werdenden Erwerbsmöglichkeit auch dieser Kinderfaschings-Umzug in Vergessenheit geraten.

Im letzten Pachtjahr haben wir im eigenen Haus den Dachboden und den ersten Stock für die Gästevermietung ausgebaut, eine Küche und ein Frühstückszimmer waren behördlich vorgeschrieben, ein Schlafzimmer brauchten wir auch. Unser Komfort waren kaltes und warmes Wasser in den Gästezimmern und eine Zentralheizung sowie eine aufmerksame Gästebetreuung. Nach der Gasthaus-Odyssee hatte Jakob Anfang Januar bei einem Gemüsegroßhandel angeheuert. Nach kaum zwei Monaten hatte er einen Arbeitsunfall und bekam nach längeren Spitalaufenthalt vom Arzt die strikte Anweisung, in Zukunft jede körperliche Arbeit zu vermeiden, damit sich der geschädigte Rücken erholen konnte, sonst könnte es Folgen haben.

Die Geldfrage wurde zum Albtraum. Für den Kauf und die Ausbauschulden unseres eigenen Hauses konnten wir aus dem Erlös der Post-Gast-Wirtschaft kaum die Zinsen bezahlen. Der Steuerberater versicherte mir aber, dass der Ausbau zur Gästevermietung in unserem Falle das Richtige wäre. Jakob müsste halt eine gute Arbeit finden. »Gib nicht auf, ihr findet eine Problemlösung.« Raten, wie, konnte er mir aber auch nicht.

Jakob versuchte es auf der Gemeinde, bei der Wassergenossenschaft und beim Bürgermeister, mit dem Resultat: »Wir brauchen Leute zum *Arbeiten*!«

Ich war verzagt, die Hoffnung auf die Bleibe im – noch unserem – Haus schwand aus diesem Grund zusehends. Aber wohin? Ziemlich mutlos versuchte ich es noch einmal – weil ich einfach nicht glauben konnte, dass es für Jakob in unserer Gemeinde gar keine Möglichkeit gab, eine passende Arbeit zu finden – und ging noch mal zum Bürgermeister (dem Onkel) – mit dem gleichen Resultat. Danach bin ich auf den Friedhof zur Großmutter gegangen mit meinen Sorgen. Es dauerte ein Weilchen, bis sich mein Gemüt wieder beruhigt hatte.

Die Verzweiflung blieb, und damit besuchte ich den Siegfried und die Resi im Uhrmacherladen. Siegfried war auch einer von denen, die es nach dem Krieg recht schwer gehabt hatten, wieder neu Fuß zu fassen, wegen der falschen Hoffnungen, die er sich gemacht hatte, als Hitler an die Macht kam. Noch immer waren diese Erinnerungen präsent. Darüber wurde am besagten Küchentisch oft gesprochen. Diese Geschäftsleute waren die nächsten Nachbarn von der »Post« und kamen des Öfteren zu uns in die Küche; der »Postküchentisch« galt als beliebter Treffpunkt. Mit schwerem Herzen erzählte ich Siegfried also von unseren Sorgen.

Er meinte: »Jakob ist ein Mann für die Versicherung.« Er nahm einen Durchschreibeblock aus der Schublade und schrieb: »*Lieber Freund Ennemooser …*« Dieser Brief liegt heute noch bei den Arbeitsakten von Jakob. Einen Monat später zum ersten April war mein Mann Versicherungsangestellter mit dem damals üblichen Provisions-Gehaltsschema. Auto und Telefon waren in diesem Beruf Voraussetzung und wurden durch die Firma ermöglicht. Meine stille Sorge: ›Hoffentlich geht das gut und wird kein Aprilscherz‹ war bedrückend.

Zur damaligen Zeit war eine Ausbildung für den Außendienst – eine Vertreter-Tätigkeit – in der Versicherungsbranche noch nicht notwendig, die Schulungen fanden auch nur zu Hause statt, mit den spartenbezogenen Fachinspektoren.

Es ist schon so: Wenn eine Tür zufällt, geht eine andere auf. Ob bei uns der Reichtum ausgebrochen wäre und wie viel wir denn auf der Post und vorher auf der Hütte verdient hätten, ein Auto und Telefon, im Haus gar noch eine Zentralheizung, zu dieser Zeit in kleinen Pensionen und Privathäusern der pure Luxus – derlei Fragen kamen von den Nachbarn ganz unverblümt. Es verlangte mir eine Menge Beherrschung ab, sie nur mit einen Achselzucken abzutun. Ein Dorf bleibt halt ein Dorf, auch wenn es schon vor einigen Jahren zum Markt erhoben wurde.

Und die Zweifel, dass ich am Ende auf dem Weg der Entscheidungen, an dem es keine Wegweiser gibt, die falsche Richtung eingeschlagen hatte, mehrten sich.

Dieses Kapitel »Post« war jetzt behandelt und für immerwährende Zeit abgeschlossen.

So glaubte man wenigstens, und es stimmte doch nicht ganz.

Arbeitsbeginn bei der Versicherung

Unser Leben verlief nun in einem ganz anderen Rhythmus. Meine Arbeit nahm außerhalb der Sommersaison eher die Form eines Hausfrauendaseins an. Mit Heimarbeiten, Näharbeiten, brachte ich einen kleinen Zuverdienst. Für das eben ausgebaute Haus fielen noch keine unmittelbaren Reparaturen an, der Garten allerdings wurde um den Teil der Garage und der kleinen Wohnung an der Ostseite, die dort angebaut wurde, kleiner, und der Vorgarten, der Eingang in das spätere Büro an der Westseite des Hauses, nahm auch einen Teil des Grundstückes ein.

Daher wurde die Anbaufläche für Gemüse ein gutes Stück kleiner. Rund um das Haus war einfach Wiese, die wir zum Teil zum Nutzgarten umfunktionierten. Platz zum Spielen für die Kinder und für die Gäste blieb immer noch. Wir versuchten, alles so liebevoll wie möglich zu gestalten.

Zum Glück kam im letzten Jahr der Postgasthof-Bewirtschaftungszeit die Kanalisation, an die unser Haus angeschlossen wurde. Die Planung, wo der Hauptschacht (der Anschluss für die späteren Abwasseranschlüsse) in den Kanal hin sollte, habe ich gemacht. Für das Risiko, dass es auch passte, war daher ebenfalls ich verantwortlich. Den Ingenieur, der damals die Kanalisations-Vermessungen machte, fragte ich um Rat, er sah sich meine Zeichnung und das Haus an und befand meine Vorstellung für einen zukünftigen Hausausbau als gut. Das sei, wie er es einschätze, eine gute Lösung.

Die Kosten für alles, was auf uns zukam, waren enorm, doch ohne diese Abwasserentsorgung wäre ein Ausbau zur Vermietung nicht möglich gewesen (zumindest in unserem Falle). Der Kanal verlief quer durch den Garten, durch die Grabungen kam der ganze »Dürnbach-Schotter« zum Vorschei. Der Dürnbach war ein unberechenbarer Wildbach, bei Gewittern mit Hagelschlag spülte er Steine und Schotter über die rechte Ortshälfte, an deren unterem Teil auch unser Haus betroffen war. (Inzwischen ist er durch eine ordentliche Verbauung gesichert.) Steine und Schotter blieben natürlich obenauf liegen, der abgetragene Humus wurde von den Wochenende-Helfern zum Teil wieder in die Gräben gefüllt. Jakob war zwar manchmal auf der Baustelle, ich weiß allerdings nicht, ob er den Arbeitern einfach nichts sagen wollte, weil es zu dieser Aufbauzeit, die sich überall bemerkbar machte, ganz schwierig wurde, Arbeiter zu finden, oder ob er es einfach nicht gesehen hat. Dadurch entstand eine Spiel- und Liegewiese für Kinder und Gäste und wurde eine wichtige Einrichtung.

Jakobs Arbeitszeit bei der Allianz bestand zeitlich darin, zwei- bis dreimal in der Woche mit Fachinspektoren zu arbeiten, in Schulungen am Vormittag und Kundenbesuchen am Nachmittag. Die Abende vor diesen Schulungen verbrachten wir beide gemeinsam damit, in den jeweiligen Gemeinden, die aufgeteilt sind in Katastralgemeinden, Hof für Hof und Familie für Familie durchzugehen, wer wohl für eine Versicherung und für welche Art einer solchen anzusprechen wäre. Auf diese Weise hatte Jakob für die Geschäfte mit dem jeweiligen Fachinspektor mindestens einen oder mehrere potenzielle Kunden bereit.

Die Herren Fachinspektoren wurden natürlich mit Essen und Trinken versorgt. Herr E. hat des Öfteren bei uns in einem Gästezimmer geschlafen und immer seine Schuhe vor die Tür gestellt, damals in Pensionen noch üblich – ja, was tat man nicht alles in einer misslichen Lage?

Das Gehaltssystem der Firma bot von Anfang an die Möglichkeit, mit sparsamem Umgang unsere Zahlungen für Haus und Familie sowie die Kosten für Auto und Telefon in den Griff zu bekommen. Ich machte während dieser Zeit – auch während der Hütten-Bewirtschaftung – immer noch Heimarbeiten für eine Lampenschirm-Erzeugung. Für eine andere Firma nähte ich Startnummern für den Skisport (auch für die 8. Olympischen Winterspiele Februar in Squaw Valley – USA).

Aus Reste-Stoffen im Ausverkauf fertigte ich die Bekleidung für die Mädchen und für mich an und so manches

Hemd für meinen Mann. Mit diesen Arbeiten konnte ich zumindest die meisten Kosten für die Bekleidung, Waschmittel und Toilettenartikel bestreiten. Des Öfteren habe ich (manchmal auch Jakob) im Gasthof meiner Schwester ausgeholfen, wenn etwas Besonderes los war – das waren dann ein paar Schilling zusätzlich.

Fast vier Jahre dauerte diese Aufbauzeit, bis die bevorschussten Gehälter durch die Eigenleistung abgetragen waren. Dann begann die Zeit, in der sich das Gehalt von Jakob langsam, aber laufend ein wenig erhöhte. Das Auto konnte durch den »Firmen-Auto-Kredit« bei einer bestimmten Kilometerzahl umgetauscht werden, sodass keine Reparaturkosten anfielen. Langsam konnten wir an die dringend nötige Dachreparatur denken. Das Hausdach bestand ja nur aus handgemachten Zement-Dachziegeln, die auf über den Dachsparren gelegten Querlatten auflagen. Im Winter, das heißt zu Weihnachten 1968 bis Neujahr und einmal zwei Wochen im Februar, bekamen wir die ersten Wintergäste, die wir voller Stolz beherbergten, weil nun die Zentralheizung ihre Berechtigung fand. Leider bekamen wir dadurch auch ein handfestes Problem: Von der Dachrinne eiste es zurück bis hinter die Hausmauer, und das dadurch entstandene aufgetaute Wasser rann innerhalb der Hauswand durch die Zimmerdecke über die Zimmerwand. Die ganze Ostseite des Hauses war davon betroffen. Mein Bruder Vestl tauschte dann im Frühjahr ein paar kaputte Dachziegel aus. Die Maler-Reparatur der entstandenen Wasserflecke an den Wänden besorgte ich – mit eingeholtem Rat vom »Brunner«, um Kosten zu sparen –, aber auch in Fachbetrieben mangelte es an Arbeitskräften, sodass ein »Pfusch« (Schwarzarbeit) problemlos war und ein Rat gerne erteilt wurde, weil auch er mit Arbeitskräftemangel zu kämpfen hatte. Im nächsten Winter hatten wir schon ein paar mehr Gäste-Buchungen und im Februar wieder das gleiche Malheur. Im Frühjahr, ich glaube, es war

1970, konnten wir endlich das Dach erneuern: mit Schalung, Dachpappe und Ziegeln. Das machte sich auch deutlich an den Heizkosten bemerkbar.

Das nächste Ungute im Haus wurde, dass es mit der Kathl, der Mutter der vorherigen Besitzer, die im Parterre das beim Hauskauf zugesicherte Wohnrecht hatte, immer ein wenig schwieriger wurde. Ein wenig trug dazu wohl die Vermietung bei. Der hintere Teil im Parterre war noch nicht ausgebaut, nur das WC war neben ihrer Küche untergebracht und wurde mit ihrem Küchenabwasser in den neuen Kanal geleitet. Mit dem Nachttopf marschierte sie öfters vom Schlafzimmer über das Vorhaus zur Toilette, ausgerechnet dann, wenn Gäste das Haus verließen oder ankamen. Es gab nur diesen Hauseingang. Ich hatte sie schon manchmal im Verdacht, dass sie das absichtlich machte. Ich habe die Familie, die Verkäufer des Hauses, schriftlich benachrichtigt. Die Tochter kam und blieb einige Wochen bei der Mutter. Sie fand, dass es mit ihrer Mutter keine Schwierigkeiten gab, und fuhr darauf wieder nach Hause. Jakob hat an einem Wochenende einmal zufällig gemerkt, wie das mit der Kathl lief, als er mit Gästen unter der Haustür ein paar Worte wechselte, danach kam er recht peinlich berührt zu mir in die Küche. Ich müsse ihr sagen, dass das so nicht ginge. Sie solle ihren Nachttopf leeren, wenn keine Gäste im Flur oder gerade bei der Haustür hereinkämen. Diese vergebliche Mühe habe ich mir erspart und dafür aufmerksamer hingeschaut, was mir auch nicht immer gelang.

Wir haben nach einer anderen Lösung gesucht: eine Wohnung mit separatem Eingang für die Wohnberechtigung der Kathl. Nach einem Besuch der jüngeren Tochter erschien zweimal wöchentlich die Krankenschwester bei Kathl. Es dauerte noch ein paar Jahre und wir hatten Zeit, darüber nachzudenken.

Das Wohnrecht, das wir für die Mutter des Besitzers übernommen hatten, verteuerte den Hauskauf im Nachhinein erheblich.

Vorerst aber zeichneten wir Pläne, stellten Berechnungen an und beratschlagten mit Baumeister Franz über das weitere Vorgehen. Dieser hatte einen Einreichplan gezeichnet, wir holten Angebote ein und kontaktierten die Bank. Schließlich übernahm die Fa. Knapp – die uns der Ordnung halber die »Baumeister-Tafel« zur Verfügung stellte, unter Mithilfe meines Bruders Vestl, des Vetters Peter und Jakobs Bruder Hausa, keiner davon ein Fachmann – den Garagenbau mit der kleinen Wohnung. Ein Maurer hat zweimal in der Woche die Arbeiten und deren Fortschritt kontrolliert. (So einfach ging es damals.)

Im Herbst konnte dann die Kathl mit Hilfe ihrer Tochter in die neue einladende Wohnung einziehen. Die Garage war gewiss auch kein Luxus, zumal ein VW Käfer geraume Zeit braucht, bis man aus dem Fenster sehen kann an frostigen Wintermorgen.

Damit standen nun auch im Parterre die Holzlage, in der das Plumpsklo untergebracht war, der Raum neben ihrer Küche und die Stube bis auf ihr Schlafzimmer zu unserer Verfügung.

Anstatt des von mir geplanten Frühstücksraums mit separatem Eingang und Terrasse für die Gäste wurde nun für Jakob als Erstes ein Büro eingerichtet. Für mich war das eigentlich ziemlich zwiespältig. Die Frühstückspension lief recht gut, mit meiner auf das Objekt beschränkten Konzession durfte ich auch Getränke verkaufen, und das wurde gerne angenommen. Der Nachteil war, dass unser Kühlschrank mit den »Jausenwaren« der Gäste gefüllt wurde – was sich mit dem geplanten Frühstücksraum mit einer »Miniküche« ändern sollte. Man konnte das nicht gut ablehnen, wenn sie am Abend ihre Mahlzeiten im bestehenden Frühstückszimmer einnahmen und bei uns die Getränke kauften. Es wurden auch des Öfteren fröhliche Abende und vor Mitternacht selten Feierabend, Jakob kam kaum einmal vor 21/22 Uhr nach Hause.

Das Geschäft lief. Wir konnten die Raten unserer ziemlich hohen Hypothek pünktlich bezahlen. Unser eigentlich recht hoher Kreditrahmen war trotzdem meistens zur Gänze ausgeschöpft, trotz 6/7%iger Zinsen, durch die dringenden Verbesserungen im Haus und die laufenden Kosten, die anfielen. Eine Familie hatten wir ja auch, wenn auch die Wünsche nur im kleinsten Rahmen erfüllt werden konnten.

Von unseren Kindern konnten wir die Sorgen finanzieller Art fernhalten, das war mir ein großes Anliegen. Ich wusste, wie es war, wenn Mama Sorgen hatte und ein Kind nicht verstand, warum sie oft verweinte Augen hatte und warum so oft über Geld gesprochen wurde.

Vom Fremdenverkehrsverband wurden die Auflagen laufend mehr. Zuerst waren es Duschen neben der Toilette im Flur. Kaum ein halbes Jahr später wurde dringend empfohlen, die Duschen in die Zimmer einzubauen – wegen der erhöhten Ansprüche der Gäste. Dies war in unserem Haus nicht möglich, die ganzen Decken bestanden aus verschieden gelegten Tramlagen. Das Haus war auch eines der ersten Häuser, die nach dem Krieg, 1952, gebaut worden waren, mit einem 3 Meter breiten Streifen Kelleraushub und nur 60 Zentimeter tiefem Grundaushub für das Mauerwerk. Wir hatten aber keine Ahnung, welche Schwierigkeiten uns durch diese Bauweise entstehen sollten.

Jakobs Arbeit vermehrte sich laufend, vor allem das Autogeschäft wurde zeitaufwändig durch die Fahrt auf die BH Zell nach am See, eine Fahrt hin und zurück 92 Kilometer; die anfallenden Arbeiten im Büro häuften sich gleichzeitig. Dazu kamen wir in die Zeit, in der die Vorarbeiten an den Karteien für die dann folgenden Computer-Eingaben gemacht werden mussten. Dreimal habe ich für circa tausend Versicherungspolicen die Karteien umgeschrieben, auf jeweils einem anders vorgedruckten, punktierten Formular.

Und die Ehrennadel war schon in Sicht, leistungsbezogen natürlich (mein Mann stand gerne in der ersten Reihe). Ich meldete mich in der Fahrschule an und überlegte, wie das dann mit den Gästen zu handhaben wäre.

Es wäre für Jakob möglich gewesen, sein Arbeitspensum so zu steuern, dass er es im den Griff hätte haben können, wenn er sich auch nur schrittweise mit der neuen Kommunikation angefreundet hätte. Er wich um nichts in der Welt von seinem Standpunkt ab:»Maschinen und Computer verursachen Abhängigkeit.« Wie recht er hatte.

Jakob vertraute in diesem ihn erfüllenden Beruf auf sich selbst – auch noch, als er krank wurde. Menschen seines Stammes werden sich nie zu den Verlierern zählen, auch nicht, wenn sie verloren haben.

Dieses Auf-sich-selbst-Vertrauen stellte ich im Laufe ihres Heranwachsens auch bei unseren Kindern fest. Manches glich teilweise auch meiner Lebenseinstellung (ohne dass ich je gewagt hätte, einen wirklich leichtsinnigen Handel zu begehen) – ich hatte stets die Verantwortung für mein Umfeld, habe meine Mitarbeiter und später die Familie an die erste Stelle gesetzt, das ergab sich wohl zwangsläufig durch mein anerzogenes Pflichtbewusstsein und meine Herkunft. Daraus resultierte sicherlich auch der innere Drang, den Kindern ein leichteres, freies und unbeschwertes Leben und Aufwachsen ermöglichen zu wollen. Aus meiner späteren Sicht liegen genau darin die Fehler, die man an heranwachsenden Kindern begeht – sie lernen die Welt durch eine rosarote Brille sehen, weil sie ganz leicht ohne eigenen Einsatz bekommen, was sie wollen, wenn auch die Wünsche bei *unseren* Kindern nur klein waren …

Unter ihren Freunden waren ein paar Mädchen aus finanziell gut gestellten Familien, die in puncto Kleidung und Urlaub weit im Vorzug waren. Das Manko Kleidung konnte ich mit den selbst genähten Sachen im Rahmen halten, eine Urlaubsreise wurde erst gar nicht in Erwägung gezogen – »Urlaub« machten die Gäste.

Wieder einmal kam uns der Zufall zu Hilfe. Der Direktor der Hauptschule suchte für seine von auswärts kommenden Lehrer Unterkünfte, Gästezimmer mit einfacher Kochgelegenheit, kaltem und warmem Wasser, eine Toilette auf dem Gang würde genügen. Wenn sie in den Ferien nicht ausziehen müssten, wäre es ein »Hit«. Die Überlegung, dieses Angebot anzunehmen, fiel leichter, zumal die Auflagen wegen der »erhöhten Ansprüche« der Gäste im Raum standen. Weil es anfänglich nur drei Zimmer waren für einen längeren Zeitraum, konnten wir die Gäste-Vermietung auslaufen lassen. Das erwies sich dann doch als gar nicht so einfach, es waren die langjährigen Gäste, die unsere Entscheidung nicht ganz verstehen wollten und guthießen.

Zwölf Jahre haben wir auf diese Art das Einkommen vom Haus stabil halten können.

Ich habe in der Fahrschule nach vier Wochen intensiven Lernens die Prüfung bestanden, bin am Tag darauf nach Zell zur BH gefahren und habe dort in der Warteschlange manchmal bis Mittag die Zeit verbracht (mit Sockenstricken), um Anmeldungen erledigen zu können.

Im Herbst, als die ersten Lehrerinnen bei uns einzogen, brauchten wir zuerst noch den Hermann für eine Boden-Reparatur, eine »Einmann-Firma« für Fußböden-Verlegung.

Das war an einem Mittwoch und am Montag darauf sollte der Reparaturtermin sein. Jakob meinte, das könnte er doch am Freitag noch machen, wenn er schon am Donnerstag keine Zeit hätte, da könnte er mithelfen.

Die Tür im Zimmer stand weit offen und Hermann trat auf den Balkon hinaus und sagte: »Jakob, schau, da oben«, er zeigte mit der Hand in Richtung Wildalmscharte, »da ist eine Bergkristallhöhle, von der habe ich heute Nacht geträumt, und da geh ich am Freitag hinauf.«
Es war ein strahlend schöner Tag, und ich wünschte mich auf die Zittauer Hütte. Ich habe zum Hermann gesagt, dass ich schrecklich gerne auf den Venediger ginge, gerade so laut, dass es mein Mann sicher hörte.
Hermann meinte darauf nach einer kurzen Pause: »Dann gehen wir am Freitag! Die Kristalle sind nächste Woche auch noch da oben.«
Natürlich hat Jakob sofort abgeblockt. In meinem Inneren bäumte sich etwas auf. ›Ich tue alles für meinen Mann, ich stelle mich immer hintenan, um Jakob zu helfen‹, dachte ich, ›aber kaum spreche ich einen persönlichen Wunsch aus, der *der Zeit* an den Kragen geht – nämlich der Zeit, die ich mich seiner Arbeit widme –, lehnt er das ab.‹
Diesmal war es für mich eigentlich ein brotloses Arbeiten. Ich war weder angestellt noch versichert, nur mitversichert, das heißt, ohne Rentenanspruch. Ich hätte die Versicherung ja gerne bezahlt und es wäre ein Leichtes gewesen für Jakob, mir das in der Firma zu ermöglichen durch den Aufbau der Firmengeschäfte. In meinem Kopf spielten sich diese Gedanken wie ein Gewitter ab. Es gelang mir, ruhig zu antworten: »Hermann, dann gehen wir beide eben alleine.« – Mit ein wenig Fantasie kann man sich das Weitere vorstellen.
Jedenfalls gingen wir am Freitagnachmittag zu dritt durch das Obersulzbachtal Richtung Kürsingerhütte. Ein Lichtblick in die Zukunft.
Das war der Auftakt für die kommenden zehn gemeinsamen Bergsteiger-Wochenende-Jahre. Hermann ist uns ein Freund geworden, wie ich einen solchen nur jedem wünschen kann. Das waren auch die schönsten zehn Jahre in unserer

mehr als fünfzigjährigen Ehe. Auch die erfreulichste Zeit im Arbeitsleben und die erfolgreichste von Jakob.

Wie es nach diesen zehn Jahren weiterging, war weniger erfreulich. Nach seinem sechzigsten Geburtstag fuhr ich besorgt mit meinem Mann nach Salzburg in die Herzklinik. Eine schwere OP am offenen Herzen, die einen längeren Krankenstand mit sich brachte, war unaufschiebbar, das war dann gleichzeitig sein Weg in die Pensionierung und der Abschied aus der Firma.

Meine Erinnerungen an all die Jahre will ich damit beenden. Zu dieser Zeit waren unsere Kinder in einem Alter, wo sie ihre eigenen Entscheidungen trafen. So wie ich werden auch sie einmal zurückschauen und ihren Weg noch einmal erleben.

Ich wünsche meinen Kindern und Enkelkindern nur gute Erinnerungen!

Noch ein Nachtrag – um dem Titel »Hausfrau« gerecht zu werden:

Ich habe nach ein paar Jahren auch um meine Pensionierung angesucht. Es fand sich nur die Mindestanzahl der damals nötigen Jahre für einen Rentenanspruch, aus der Schweizer und Gastgewerbetätigkeit, in denen Pensionsversicherungs-Beiträge bezahlt wurden. Die Arbeitszeit zu Hause auf dem Hof wurde nur zur Hälfte angerechnet. Dem entsprechend fiel der Rentenbetrag aus – ein kleiner Lohn für ein langes Arbeitsleben.

Selber schuld! In der Firma wären zwei Möglichkeiten gewesen, zumindest Teilzeit angestellt zu werden, es blieb bei der Vertröstung – »ja, mache ich« –, bis es zu spät war.

Meinen ersten eigenen Krankenschein, den ich beim Arzt abgab, nahm auch die Frau Doktor entgegen. Sie sah mich an und fragte (inzwischen redeten wir uns mit Du an): »Hast du gearbeitet?«

Geschwisterlicher Besuch

Immer weniger oft gibt es einen Anlass, der es wert ist, das gute Geschirr und das schöne Besteck aus dem Schrank zu holen. Heute gibt es einen solchen, der dafürsteht. Ein schön gedeckter Tisch ist ein einladender Anblick. Freilich kommt es darauf an, was der Gastgeber kredenzt und anzubieten hat, das auch den Aufwand rechtfertigt. Dafür ist gesorgt, meine ich – und schon läutet die Hausglocke. Noch rasch einen kontrollierenden Blick über das Ganze und die kleine Feier kann beginnen.

»Feier«, was feiern wir eigentlich? Die Hausglocke schrillt, ja, ›schrillt‹ ist der richtige Ausdruck für den Ton, den sie von sich gibt – ich eile, ein Blick auf die Uhr: Oh, schon da?

»Ah' guten Vormittag« – der Briefträger ist es, er braucht eine Unterschrift für einen bläulichen Brief ohne klar ersichtlichen Absender, und auf seine liebenswerte Art fragt er, ob ich denn unter die »Raser« gegangen wäre.

»Ich? Nein, warum?«

»Weil das eine Anonym-Verfügung ist«, sagt er und lacht – nicht schadenfroh, nein, er hat ein sonniges Gemüt und glaubt sicher, dass es nur eine Bagatelle ist. »Vielleicht hast du falsch geparkt?«

Das klärt sich schnell auf nach sofortigen Öffnen des Umschlages. Es ist tatsächlich vom Verkehrsamt und laut Datum war das der letzte Samstag; der Ort Elsbethen in Salzburg.

»Siehst du«, sagt er, »das hast jetzt davon, ich sag immer: Ein Auto und eine Frau borgt man nicht aus.«

»Ja weißt du denn, dass ich es nicht selbst war?«

»Ja, das weiß ich – du und meine Frau, ihr habt euch am Samstag im Spar-Laden an der Brottheke über die Teuerungen entrüstet, derweil ich am Parkplatz auf sie gewartet habe. Mein Angebot, dich heimzufahren, hast du abgelehnt, ein Stück Fußweg tue dir gut, hast du gesagt.«

Also, für heute einen schönen Tag! Unser Briefträger ist ein so guter Bekannter, dass man ihn am besten nicht im Unklaren lässt über einen blauen Brief, der wohl ein Vergehen beinhaltet, das Folgen haben könnte.

Das Bußgeld ist zu verkraften; nur Unaufmerksamkeiten, besonders einem Briefträger wie unserem gegenüber, sollte man sich nicht leisten.

Auch nicht, wenn es ein recht vertrauenswürdiger ist, in einem Ort wie dem unsrigen, wo jeder jeden kennt.

Ein Gläschen Spumanti zur Begrüßung werde ich noch vorbereiten; wenn man sich nach langer Zeit wieder einmal trifft, ist das schon angebracht.

Endlich – auf dem Parkplatz knirscht der Kies und die Autotüren fallen zu. Ich eile zur Haustür, und da stehen sie schon, die beiden, mit lachenden Gesichtern und einem riesigen Blumenstrauß, ja, und wie soll es anders sein: eine überschwängliche Begrüßung und eine Menge Fragen, am liebsten »alles auf einmal« möchte jeder wissen und fragen.

»Zuerst stoßen wir auf ein Wiedersehen an und dass bis zum nächsten Wiedersehen nicht mehr so viel ›dazwischenkommt‹.« Gerade so, als ob eine Welt zwischen uns läge.

Nun können wir uns endlich zu Tisch setzen. Bevor ich das Essen bringe, bewundern die beiden noch gebührend die schöne Damast-Tischdecke mit den handbestickten Rosetten, in Grün gehalten, und einem kleinen dunkelblauen, frisch gepflückten Veilchensträußchen in der Mitte. Eitelkeit zeigt man am besten dort, wo man sie zeigen kann.

Vor lauter Reden und Freuen, dass ein lange geplantes Zusammenkommen endlich möglich wurde, haben wir fast ein wenig die Zeit übersehen.

Wir lassen uns das kleine Mahl munden und zum Abschluss ein Tässchen Kaffee. Laura kramt in ihrer riesigen Handtasche und holt einen Stapel alter Fotos heraus. Dabei ist auch das Bild mit dem in die Hochwasser führende Salzach gestürzten Waggon von der Pinzgauerbahn.

Allein der Anblick dieser alten Bilder ruft nostalgische Gefühle hervor, im Besonderen bei mir, weil die meisten dieser Erinnerungsfotos von Friedrich Eibl stammen, an ihn können sich die beiden gut erinnern.

Laura fragt, woran denn eigentlich Friedrich gestorben ist, »der war doch gar nicht so alt« – dann: »Seine Frau hat ja auch nicht mehr lange gelebt?«

Friedrich hat einen Schlaganfall erlitten; er war immer beschäftigt, ein wenig ruhelos, nach seiner Pensionierung hat er begonnen, die auf spätere Zeit verschobenen »Dinge« zu erledigen. Dadurch war er in Mitzis Gegenwart oft abwesend. Mitzi ist eine gute Köchin und weiß, dass ein verlockender Duft aus der Küche ihren Mann leicht von seiner Beschäftigung abbringt – an diesem Tag war es nicht so. Zur Essenszeit, als ihn seine Frau vermisste, in der Meinung, er habe im Garten bei seinen Blumen die Zeit vergessen, ging sie schauen und fand ihn nicht dort, wo sie ihn vermutete, auch nicht im Schreibzimmer war er (das Wort »Büro« verwendeten beide nicht); der letzte Raum, in dem sie Nachschau hielt, war das Badezimmer. Dort lag er leblos auf dem Boden.

Mitzi hat dieses Ende ihres Mannes schwer verkraftet.

Niemand konnte ihr ihre Selbstvorwürfe nehmen, weil sie glaubte, dass sie ihren Mann zu oft alleine gelassen hatte und viel zu selten auf seine Wünsche eingegangen war, die ohne Zweifel manchmal zu romantisch gewesen waren; in mancher Hinsicht war er ein Träumer, Kunst- und Musik-Liebhaber,

Bergsteigen und Reisen waren damit immer verbunden, und genau das wollte seine Frau nicht.

Drei Jahre später ist sie, aus dem Garten kommend, in den Händen Salat und Kräuter, vom Flur in die Glasscheibe der Küchentür gestürzt, so unglücklich, dass sie hilflos verblutet ist. Der Briefträger hat sie gefunden, die Haustür stand offen und Mitzi lag auf dem Boden…

Mein Gott, wenn es keine Briefträger gäbe! (Das ist aber nicht zum Lachen.)

Nach allen polizeilichen Recherchen konnte kein Fremdverschulden festgestellt werden. Das Leben macht manchmal kurzen Prozess. Keines von den Fotos ist mir neu, ich kenne sie alle, Kindheits- und Jugenderinnerungen. Ich bin der Meinung – besonders ich –, wir können recht froh sein, dass diese ganzen Fotos jetzt noch da sind, die sie euch und uns geschickt hat. Friedrich hat sie alle zu diesem Zweck vorbereitet gehabt. Das haben die Schwestern nicht gewusst, wohl wissen sie, dass Friedrich mein Cousin väterlicherseits war und bei jedem Urlaub seine Fotoausrüstung mitschleppte. Mit dem Anschauen der Bilder werden Erinnerungen Gegenwart. Erinnerungen bleiben, ob sie gut oder schlecht sind, nichts davon kann man wegtun und nichts dazu, sie bleiben ein Teil deiner selbst.

Sie wollen wissen, ob unsere Kinder meinen Vater auch kennen? Leider nein, mein Vater ist schon 1972 verstorben – er wollte unsere Kinder so gern kennen lernen und ich hätte mir gewünscht, dass sie meinen Vater – ihren Großvater – wenigstens einmal sehen, zum Kennenlernen bräuchte es Zeit.

Ja, so ist das mit den Verschieben.

Vaters und seiner Frau Theresias Testament lautete auf Gegenseitigkeit – der, der übrig bleibt, verwaltet die Habe. Wir hatten damals noch eine Menge Schulden, also war ich heilfroh, dass mir die Frau meines Vaters ein Erbteil von hunderttausend Schilling in den nächsten zwei Jahren zukommen ließ. Von meiner Mama habe ich auch ein kleines Erbe bekommen. Dieses Haus hat alles aufgefressen.

Die beiden haben die Frage »Wie geht es eigentlich deinem Mann?« wohl absichtlich ein wenig hinausgeschoben, es war wohl auch ein Grund ihres Besuches.

»Danke der Nachfrage, gesundheitlich geht es ihm wieder ganz gut, leider entfernt sich der Geist immer weiter von ihm.«

»Wieso sagst du ›immer weiter‹, war da schon vor seinem Schlaganfall etwas nicht in Ordnung?«

»Ja. Oft kommt es mir vor, das hat schon vor langer Zeit angefangen, und manchmal kann ich es einfach nicht glauben, dass diese geistige Abwesenheit nicht doch nur vorübergehend ist, so verschieden, wie Tage, manchmal Stunden, sind.«

»Jetzt bitte erzähle uns, eine Sorge wird oft leichter, wenn man darüber reden kann.«

Vor einigen Jahren waren wir wieder einmal bei Lisi und Gerd, wir haben mit ihnen Karten gespielt, dabei natürlich auch getratscht, unter anderem ging das Gespräch auch einmal um den Nationalpark und die neuen Berufszweige, die dadurch entstehen.

Lisi sagte (mein Mann ist gerade nicht in der Küche gewesen): »Der Sepp (ein uns gemeinsam bekannter Berufschauffeur) ist schon als Busfahrer in Pension und macht nebenberuflich Nationalparkführungen, wäre das nicht auch etwas für Jakob? Wo ihr doch so viel mit Bergsteigen und Wandern unterwegs gewesen seid und die Gegend kennt.«

Ich weiß noch ganz genau – ich habe damals geantwortet: »Jakob ist für so was leider kein Gesprächspartner.«

In welchem Zusammenhang meiner Gedankenwelt ich so reagierte, weiß ich heute einfach nicht mehr, ich habe nie vorher jemals zu jemand eine solche Bemerkung gemacht. Sie ließ mich noch lange danach nicht los. Er ist so, wie ihn Gott geschaffen hat und wie wir alle sind, jeder ein Unikat.

Nach einem Arbeitsunfall hat Jakob als Versicherungsvertreter begonnen, damals schon neununddreißig Jahre alt, ein Spätstarter in diesem Berufszweig. Das war dann auch die Arbeit, die ihm Erfüllung und Freude machte. Sein Leben verlief nunmehr so, als würde er seine eigene Firma aufbauen und vergrößern wollen.

Anfangs dauerte es schon eine Weile, bis Jakobs Tätigkeit im Umfeld, besonders aber in seiner Familie, als »Arbeit« Anerkennung fand. Vertreter – Tätigkeiten, vorwiegend mit Verkaufsangeboten, die man angreifen, fühlen, verkosten und begutachten konnte, waren gang und gäbe und selbstverständlich in unserer Region. Das Angebot »Versicherung« hingegen war nur ein Stück Papier, auf das der Kunde seine Unterschrift setzt und das erst nützlich wird, wenn ein Malheur passiert – vorausgesetzt, dass die »Rechnung« des abgeschossenen Vertrages auch bezahlt war im Schadensfall. Übrigens hat sich in dieser Handhabung bis heute kaum etwas geändert.

Das erste Malheur eines Arbeitsunfalls einer Kundschaft ließ nicht lange auf sich warten, Jakob konnte den finanziellen Schaden, durch die Versicherung gedeckt, bald zur Zufriedenheit des Kunden regulieren – das war dann »Rückenwind« in seiner beruflichen Tätigkeit und verstärkte seine Rechtschaffenheit und beratende Glaubwürdigkeit.

Damals war es noch nicht einfach in unserer Gegend, eine nicht manuelle Arbeit zu bekommen. Das Gastgewerbe war für uns beendet, die Kinder erst im Schulalter, die Frühstückspension mit zwölf Betten gerade so weit ausgebaut, dass wir vermieten konnten und ich bei den Kindern daheimbleiben und dadurch auch Jakob bei seiner neuen Tätigkeit unterstützen konnte.

Zwanzig Jahre sind nun schon in diesem Arbeitsrhythmus vergangen. Einen Tag nach seinem sechzigsten Geburtstag fuhr ich mit meinem Mann in die Herzklinik. Diese OP war dann zugleich der Weg in seine Pensionierung. In einem solchen »Ein-Mann-Betrieb« mit permanenter Kundenbetreuung, wie ihn Jakob aufbaute, ist ständige Anwesenheitspflicht angesagt. Zum Glück gab es dazwischen die erholsamen Schönwetter-Berg -Wochenenden.

In diese Zeit, 1986/87, fiel auch die Umstellung der Firma im Außendienst von der Kartei auf den Computer. Unsere Tochter vertrat Vaters Stelle und entschloss sich, diese ganz zu übernehmen, nach der ersten gescheiterten Einstellung eines Nachfolgers. Für eine noch junge Frau allerdings, in diesem Versicherungs-Fach im Innendienst ausgebildet, keine Kleinigkeit.

Da spielen viele Komponenten mit, um angenommen zu werden, einerseits von den Kunden einer bäuerlichen Bevölkerung und andererseits – aber schwieriger – von den Mitarbeitern und Kollegen. »Ein Posten für einen Familienvater« – Neid kann ein Problem werden.

Karl, der Hütten-Säumer, hätte halt gesagt: »Der Neid ist ein furchtbares Laster.«

Sie verfrachtete die Karteien in den Computer, und dieses neue Instrument lehnte Jakob unwiderruflich ab. Er weigerte sich auch, das Handy zu bedienen. Nachdem er einigermaßen genesen und wieder daheim war, kam diese Veränderung umgehend zum Tragen, zugleich begann in der Firma der Generationenwechsel und die Arbeitsbedingungen wurden härter. Deswegen verkraftete Jakob das In-Pension-geschickt-zu-Werden ein wenig leichter.

Andrea absolvierte ihre Lehrzeit in dieser Firma, war dort einige Jahre danach im Innendienst in Salzburg. Durch diese Abwesenheit verlor sich ein wenig ihr Bezug zur einheimischen Bevölkerung, das wiederum konnte der Vater ausgleichen, indem er mit ihr zu den Kunden fuhr. Also mischte er im Arbeitsgeschehen noch ein wenig mit und ihr kam zugute, dass er ein so vertrauenswürdiger und beliebter Mensch war und in seinem Fach ein guter Berater.

Dadurch, dass die Karteien in seinem Register wertlos wurden und er die modernen Geräte ablehnte, bugsierte er sich bald selbst aus dem produktiven Geschehen und verkraftete es lange nicht. Handwerker war er keiner, Haus, Garten und das Drumherum waren für ihn nur so weit von Interesse, wie es praktisch war und zur Bequemlichkeit diente.

Sein Freundeskreis beschränkte sich auf seinesgleichen, die gerne sangen und in fröhlicher Runde ein paar freie Stunden verbrachten und alles, was belastend war, beiseite schieben konnten.

Die meisten davon waren Berufskollegen, die Jugendfreunde waren zum Teil weggezogen oder hatten, aus welchen Gründen immer, anderes zu tun.

Seine Geschwister waren ganz wichtig, zwei von ihnen hatten mit Jakob viele Gemeinsamkeiten in ihrem Wesen. Die wichtigste Person und liebevollste in seiner Erinnerung war seine Mama, der Vater danach. Anwesend aus seinem Verwandten- und Bekanntenkreis ist nur noch ein Bruder. Irgendwann ist für uns alle die Zeit um.

Ein Kriegskollege, der in der Nähe Salzburgs beheimatet war, hatte von seinem Versicherungsberater gehört, dass Jakob ein Herzproblem hat, und wollte Genaueres darüber wissen, weil in seiner Familie auch derartige Gesundheitsmankos auftraten. Operationen am Herzen waren damals noch keine Routine.

Dieser Kriegskamerad besuchte uns eines Tages. Jakob hat ihn nicht erkannt, kein Wunder nach so vielen Jahren, aber er freute sich. Beide hatten am 24. Dezember 1944 die

Einberufung bekommen und ihre Erinnerungen daran nicht vergessen.

Meine Schwestern und ich beschließen damit den »Plausch« und machen noch einen Spaziergang zu den Eltern auf den Friedhof. Und sind damit wieder in der Gegenwart gelandet.

Wunschträume

Wunschträume sind die schönsten Träume – solange es Wunschträume bleiben. Ein Sommer ging wieder einmal zu Ende, Friedrich war zwei Wochen mit seiner Frau bei meinem Elternhause auf Moosen im Urlaub. Seine Frau war eine »Heimatvertriebene aus dem Banat« und kam aus einer flachen Gegend. Die Berge beengten sie und machten ihr ein wenig Angst; wenn Friedrich ihr Berg-Fotos zeigte und glaubte, er könnte sie neugierig machen, irrte er sich. Mitzi konnte von der Plagerei beim Bergsteigen nichts Erfreuliches und schon gar nichts Erholsames ableiten und Friedrichs Freizeitgestaltung einfach nicht verstehen.

Sie war dadurch oft allein, ihr kleines Milchgeschäft, das sie führte und das auch am Sonntag offen war, brachte ihr eine willkommene Abwechslung. Als Alleinunternehmerin stand sie jeden Tag von 7 Uhr bis mittags um zwölf in dem kleinen Geschäft, bis zur Pensionierung.

In diesen Urlaub glaubte Friedrich, er könne doch wenigstens einmal mit seiner Frau auf den Venediger gehen. Der lang gehegte Wunsch, seiner Frau die Schönheiten dieser Berge zu zeigen, erfüllte sich nicht.

Weil ich einmal wissen wollte, was sich Mitzi unter einem gemeinsamen Urlaub vorstellte, habe ich sie einfach danach gefragt, was sie sich vorstellen würde, das für sie befriedigend wäre.»Bei schönem Wetter Preiselbeeren pflücken, spazieren gehen und ausruhen«, antwortete sie. Was für ein bescheidener Wunsch.

Ein Geschäft ist mit der Arbeitszeit, in der man für die Kunden da ist, nicht beendet, das braucht eine Menge mehr, vom Einkauf bis zur Buchhaltung ist der Inhaber gefordert.

Sie hat mir vieles erzählt, auch, dass sie mit ihrem selbst verdienten Geld ihre Familie im Osten unterstützen konnte, ohne schlechtes Gewissen ihrem Mann gegenüber.

Sie sind kinderlos, haben sich ein Häuschen auf dem Land gebaut und könnten so zufrieden und ziemlich sorglos leben.

Wenn aber der Einklang in der Zweisamkeit, das Miteinander im Denken und Tun, nicht da ist, fehlt das Wichtigste zum Glücklichsein.

Die Lebensvorstellung in meines Vaters Familie war, einen möglichst guten Beruf zu erlernen und diesen nach bestem Können und Bemühen auszuüben. Für eine Familie ein Heim schaffen und sich an den schönen Dingen des Lebens erfreuen, das ist halt auch in diesen Familien nur teilweise gelungen.

Auch ich habe das gemeint. Es hat nicht nach meinen Träumen funktioniert. Darüber haben Friedrich und ich manchmal diskutiert, und bei einer solchen Gelegenheit erzählte er mir so ein Erlebnis.

»Sabinal«, diese Koseform meines Namens verwendete nur Friedrich, »ich sag dir was: An der Enns gibt es ein paar Stellen, wo man ein Zelt aufstellen kann. Tagsüber wandern gehen und am Abend ein Lagerfeuer machen und einen selbst gefangenen Fisch braten. In der Dämmerung sitzen und zusehen, wie das Licht des Tages in die Nacht übergeht, die Sterne immer mehr werden, das leise Plätschern des Wassers und den Ruf der Nachtvögel hören, das Leben in einem selbst, den Herzschlag, spüren. – Einmal habe ich das mit meiner Schwester erlebt, wir hatten viel Gemeinsames. Leider lebt sie nicht mehr. Du weißt ja, dass sie einen Blutsturz hatte und zwei Kilometer neben dem Krankenhaus mit 22 Jahren verstorben ist.

Ich wollte einen solchen Abend an der Enns noch einmal mit meiner Frau erleben, die prompt ablehnte – dann halt mit einem Freund. Die Erfahrung daraus ist: Man soll nie etwas wiederholen wollen. Als ich mir am Zeltplatz eine Weidenrute schnitt, um meine Angel daran zu befestigen, sagte mein Freund: ›Lass doch das, Friedrich, es genügt ja schon, dass wir ein Feuer machen müssen und im Zelt schlafen. Gehen wir in die Wirtschaft und kaufen uns ein ordentliches Abendessen, eine Forelle, wenn du willst, ich bezahle es.‹

Das wollte ich nicht. Ergo: Mit Freunden kann man auch nicht träumen, und zum Pferdestehlen fand ich auch keinen«, sagte er und lachte.

Damals habe auch ich noch geglaubt und gehofft, wenn das Haus fertig ist und bezahlt, die Kinder im Beruf gut versorgt sind, dann kommt für mich die Zeit, meine auf Eis gelegten Wünsche verwirklichen zu können.

Wenn nicht zusammen mit meinem Manne, dann würde ich vieles alleine machen, zum Beispiel den ›Jedermann‹ mit Curd Jürgens ansehen.

Vermutlich sind unsere Gene so programmiert, dass wir unsere Vorstellungen auch durchsetzen wollen. Schade, dass uns nur selten gemeinsam etwas gelungen ist und alleine noch seltener.

Mitnichten, die meisten seiner und meiner Träume gehen wie Wasser den Bach hinunter.

Nichts anderes ist geblieben als der Wunsch, die karge freie Zeit mit dem Partner gemeinsam im seelischen Gleichklang zu verbringen, dabei sind Kompromisse nicht vermeidbar, wenn die Lebensgemeinschaft harmonisch verlaufen soll.

Wie im Leben habe ich in Gedanken einen großen Schritt zurück gemacht.

Dem Schicksal kann man halt kein Haxl stellen.

Beschwerlichkeiten und Hundeleben

Im Übrigen verlief unsere Zeit mit einigen Beschwerlichkeiten – auch meinerseits, immer wieder einmal – im gleichen Rhythmus. Ausnahmen waren ein jährlicher Urlaub in Grado, wegen Jakobs Kniegelenken, auf Anraten unseres Hausarztes. In der dortigen Kuranstalt gibt es heilende Sandbäder, die er nutzte und die auch ihre Wirkung taten. Ab und an eine Fahrt nach Südtirol und ein paar kleinere Ausflüge.

Meine Arbeit im Haus blieb gleich, auch noch, als die Mädchen verheiratet und außer Haus waren. Dafür war dann das Enkelkind Katja bei uns und einige Jahre später der kleine Heinrich (»Heinzi« gerufen), und brachten Abwechslung und Leben in das Haus.

Die Gästezimmer wurden in Ferienwohnungen umfunktioniert, das belebte unser Anwesen auch.

Während dieser Zeit der frühen Pensionierung kam uns auch das Dasein unserer Hexel's und Maxel's, der kleinen Langhaardackel, als Seelentröster zugute. Und da wurde mir wieder einmal bewusst: »Vorsehung gibt es.«

Johanna hat mit zwölf und dreizehn Jahren in den Schulferien im Gastbetrieb meiner Schwester gejobbt. Neben dem Kommen und Gehen der Gäste brachte auch die kleine »Hex« – eine schwarze Langhaardackel-Hündin, ein Rassehund erster Güte – manche Aufregungen mit sich und hätte ihrem Namen als Jagdhund alle Ehre gemacht, wenn ihre Triebhaftigkeit ehrenhaft gewesen wäre. Sie hat gewildert, ist den Gästen nachgelaufen, trotzdem hat ihr die Köchin nur gute Fleischstücke vom Rind oder Wildbret gefüttert, unerlaubterweise natürlich.

Als für keinen von ihnen die Zeit reichte, dem Hund ein wenig Zeit und Liebe zu schenken, riss er einfach aus und bei uns klingelte am späten Nachmittag das Telefon und eine zitternde Stimme bat: »Holt uns den Hund!« Er war auf der Gemeinde von Gästen abgegeben worden, er sei ihnen nachgelaufen. Ein anderes Mal wurde der Ausreißer bei der Polizei oder in einer der umliegenden Pensionen oder einem Gasthaus als nachgelaufener Findling zur Obhut untergebracht.

Wir hätten das Hexlein einsperren sollen, das passierte aber nur ein einziges Mal, bis meine Schwester Hilfe suchend anrief: »Behaltet den Hund wenigstens über die Sommersaison, dann haben wir wieder ein wenig mehr Zeit.«

Für die Geschichte, wie der Hund zu meiner Schwester in das Gasthaus kam, ist hier nicht der richtige Platz. Wir wollten keine Haustiere, weil diese eine Verpflichtung sind, der man nicht immer ohne Verzicht nachkommen kann. Wie manch andere Vorsätze wurde auch dieser gebrochen, die »Hex« blieb bei uns und wurde in kurzer Zeit ein Liebling der ganzen Familie. Der Jagdtrieb, den sie nie ablegte, wurde ihr zum Verhängnis: Auf einer durch ein Waldstück führenden Straße überfuhr sie ein Auto, und sie starb auf der Stelle.

Im Juni 2011 ist der Letzte, diesmal ein »Maxl«, in den Hundehimmel abgereist. Traurig. Ein Trost war uns, dass auch die Nachfolger der »Hex« bei uns ein liebevolles Zuhause fanden, einer aus einem Zwinger, sieben Monate alt und vom Vorbesitzer zurückgebracht, weil er in der Wachstumsphase nicht alle Rassekriterien erfüllte; das war dann auch der letzte Maxl. Ein anderer war aus dem Tierheim, bereits sieben Jahre alt, das Herrchen war gestorben.

Der letzte Max wurde sechzehn Jahre alt und krank, die Tierärztin sah wohl, dass es dem kleinen Hund nicht immer gutging, Medikamente, die ich unter das Futter mischte, erleichterten sein Leben merklich. Wenn er im Garten war, eine Runde um das Haus machte, meinte Jakob: »Der Maxl lebt noch lange.« Wenn nämlich das Gartentor offen stand, trottete er langsam über die Straße zu den großen Linden und schnüffelte an den abgesetzten Markierungen anderer Hunde. Im Mai letzten Jahres sah ich, wie das Hündchen langsam dem offenen Gartentor zusteuerte, ich kam dem Ausreißer zuvor und machte es zu.

Beim Zurückgehen über die niedrige Böschung rutschte ich aus und landete im Krankenhaus. Zwei gebrochene Wirbelknochen. ›Warum denn das?‹ So denkt man doch immer, wenn etwas Einschneidendes passiert.

Wieder zuhause, mir ging es nicht gerade blendend, sagte mir Jakob: »Ich mein, den Max müssen wir erlösen.« Das kam aus heiterem Himmel, er selbst rief seinen Schwager an, der Jäger ist, und bat ihn um den Gnadenschuss. Er brachte Maxl selbst zu ihm.

Jakob erzählte: »Der Hund ist zum Kirschbaum gegangen, ein kurzer Knall, und vorbei war es.« Unsere »zweckentfremdeten Jagdhunde« wurden nicht eingeschläfert, sie starben einen ehrenvollen, der Rasse entsprechenden kurzen Tod. Auch wenn sie nicht ausgebildete, oder besser gesagt abgeführte Jagdhunde waren. Der letzte Maxl zitterte immer am ganzen Körper, wenn er zum Tierarzt musste wegen Impfungen und sonstigen Kontrolluntersuchungen.

Solche Augenblicke zu beschreiben ist schwer. Ich bedauere für mich selbst, dass ich mir die Art zu leben, wie sie Heinz Erhardt sie beschrieben hat, nie aneignen konnte:

»Man nehme ernst nur, was froh macht, das Ernste aber niemals tragisch.«

Ein Knie hat Jakob schon lange vor der Herz-OP Probleme bereitet. Die Arthrose verschlechterte sich zusehends, dadurch wurden auch die Spazierwege, die er mit »Max« zurücklegte und längst tägliche Gewohnheiten waren, immer kürzer.

Ein namhafter Orthopäde riet ihm zu einer Operation, die er anfänglich wollte und, nachdem alle Vorbereitungen getroffen waren, wieder ablehnte. Keiner von uns verstand, was wir davon halten sollten. Die Enkelin meinte: »Der Opa wird jetzt eigensinnig.« Ich beschuldigte den Computer und das moderne Zeitalter, das meinen Mann aus seiner Laufbahn geworfen hatte. Sein Verhalten war manchmal sonderlich. Die Pensionszeit und das Altwerden wurden nicht leichter. Die Erzählungen, wenn er von diversen Firmenfeiern und Ehrungen heimkam, waren immer euphorisch und positiv gewesen, jetzt erinnerte er sich kaum noch daran.

Ein weiteres Beispiel möchte ich an dieser Stelle berichten. Der ORF versuchte für Brauchtums-Sendungen Säumer Wege von Tricesimo nach Mittersill nachzustellen, mit einem richtigen Saumtransport (vor nicht einmal hundert Jahren die Frächter, heute längst von Straßen und Lastern abgelöst). Dazu wurde ein bereits bestehender Verein mit der Aufstellung einer »Saumertruppe« betraut. Dieser kündigte das Vorhaben mit einer Postwurfsendung an. Ich kannte den Obmann von diesem Verein und erkundigte mich, ob man da eventuell mitgehen könnte. »Ja, komm, am Montagabend haben wir Sitzung.«

Tags darauf erst machte ich meinem Mann diesen Vorschlag.

Ein lang gehegter Wunsch von mir war, einmal vom Plöckenpass an das Meer zu wandern, was natürlich nie zustande gekommen war. ›Das wäre jetzt ein Teil des Weges auf umgekehrte Weise‹, dachte ich für mich.

Seine Reaktion war nicht ablehnend, also sagte ich zu.

»Wir kommen zu der Sitzung und hören uns an, wie das vonstatten geht. Die Entscheidung, ob mitgehen oder nicht, ist uns freigestellt.«

Am Montag um die Mittagszeit sagte mein Mann zu mir: »Den Termin heute kannst du absagen, da gehen wir nicht, das geht wegen dem Hund nicht.«

Anfangs war ich sprachlos, was bei mir eher selten der Fall ist. Nach kurzem Überdenken der häuslichen Situation sagte ich, dass ich mir das erste Informationsgespräch sehr wohl anhören würde, und wenn ich alleine fahren müsste.

Jakob fuhr mit mir und das Resultat war, wir hatten einen Monat später ein wunderbares Erlebnis und neun Tage Fitnessurlaub. Daheim blieb nichts stehen und Max überlebte diese Tage unbeschadet zu Hause. Das Belastende für mich in fast allen Lebenssituationen war das Durchsetzen-Müssen, wenn ich etwas wollte, ob es notwendig oder nur zur eigenen Freude war.

Eine Anmerkung nebenbei: Bei dem Säumer Tross war immer ein kleiner Bus mit in der Nähe der Saumpfade, für den »Fall des Falles«; dies gab auch uns Sicherheit, sollte mein Mann mit seinem Knie Probleme bekommen. Das war noch in der Zeit vor der dem ersten abgesagten Anlauf, das Knie operieren zu lassen – bis zum zweiten sind noch fast sechs Jahre vergangen.

Manchmal recht sonderlich gestaltete sich sein Verhalten nach der damaligen OP-Absage im Allgemeinen. Die Kinder merkten das nicht, sie waren nicht ständig zu Hause, nur noch zu Besuch, und lebten bereits, was ganz normal ist, in ihrer eigenen Welt.

Jegliches Interesse an anderen Aktivitäten ging langsam verloren, und weil es dadurch immer weniger zu reden gab, sind wir der Gefahr, uns selbst zu verlieren, nicht entkommen.

Nur die Verwandtschaftsbesuche bei seinem Bruder auf dem elterlichen Bauernhof blieben. Wenn seine Schwester noch dabei war, war er glücklich.

Bei meinem Bruder und der Familie machten wir auch öfters einen Besuch. Silvester war uns oft ein guter Helfer bei Bauarbeiten im Haus gewesen. Auch im Gasthaus bei meiner Schwester und deren Familie machte er gerne eine Einkehr, eine kleine Jause, ein paar Gläschen Rotwein und etliche Runden »Schnapsen« (ein Kartenspiel) machten seinen Tag vollständig und zufrieden. So beobachtete und empfand ich solche Tage.

Erinnerungen gemeinsamer Erlebnisse, an die Hüttenzeit, auch an die Bergsteigerjahre gerieten ihm immer mehr in Vergessenheit. Auch die Firmenfeste, die ihn beglückt hatten und auf die er sich stets gefreut hatte, entfielen seiner Erinnerung. Glücklicherweise auch die schwierigen Zeiten in Familie und Ehe.

Nur die Lieder, die sie zu Hause und in der Jugendzeit gesungen haben, sind bis heute geblieben. Auch das Tarockieren ist noch präsent, wenn die Kinder mitspielen.

Leider auch die Kriegserlebnisse, diese sind immer noch Thema, wenn es einen Anlass gibt, darüber zu reden, und beängstigen sein Gemüt eher noch mehr.

Am 24. Dezember 1944 hat er die Einberufung bekommen, am 28. ist er mit einigen anderen Einberufenen aus Salzburger Gemeinden, alle Jahrgang 1927, Richtung Dresden gefahren.

Die Bilder der Kriegserlebnisse und die Grauen in der Gefangenschaft – wie Kameraden verhungert, verdurstet und verlaust wochenlang in den gleichen Kleidern auf der Erde kauernd gestorben sind, bringt er nicht aus seinem Sinn. Auch nicht das Gehege hinter Stacheldraht auf freiem Gelände, in dem sie drei Monate unter freiem Himmel (auf den Rheinfeldern) eingepfercht waren.

Am Anfang unserer Ehe passierte es manchmal nachts, dass er aus im Traum aufschreckte und aus heiterem Himmel sagte: »Achtung, Achtung, Luftlagemeldung – schwere Kampfverbände im Anflug auf Südwest-Deutschland.« Wenn ihn diese Albträume wachrüttelten, redeten wir darüber, er erzählte dann auch vom »Wacheschieben« vor den Baracken, in denen gefangene russische Soldaten untergebracht waren. Einmal regnete es in Strömen, da holten ihn die Russen in ihre Bude, in der sie heimlich Kartoffelschnaps brannten. Drinnen war es wenigstens warm, »aber wenn mich da jemand gesehen hätte?« – Danach schlief er wieder ein. Ich stellte mir dieses Umfeld vor und konnte dann lange nicht wieder einschlafen.

Dann erzählte er auch gerne vom ersten »Heimkehrer-Ball« im September 1946, den er besucht hat. Da waren noch zwei Gendarmen am Einlass jedes Veranstaltungssaales gestanden und kontrollierten, Unter-achtzehn-Jährigen wurde kein Einlass erlaubt.

Jakob sollte auch seinen »Identitätsausweis« (während der Besatzungszeit war ein solcher erforderlich) vorzeigen, diesen hatte er noch nicht erhalten, dafür hatte er den Entlassungsschein aus der Gefangenschaft bei sich gehabt.

Erinnerungen an das Wandern im Virgental

An einem Samstagmorgen, der Wetterbericht versprach einen gewitterlosen Sommertag, konnte ich Jakob zu einer Fahrt in das Virgental nach Hinterbichl überreden, eine Wanderung zu den Umbalfällen schwebte mir vor. Rheumatiker und Arthrose-Patienten waren laut »Biowetter« nicht gefährdet. Es wurde ein erfreulich schöner Tag, nur beim Heimfahren bekamen wir Unstimmigkeiten – Jakob behauptete, ich führe in die falsche Richtung. Erst bei der Mautstelle am Felbertauerntunnel glaubte er mir, dass wir auf dem richtigen Weg waren.

Das hat mir Kopfzerbrechen gemacht – es konnte doch nicht sein, dass ihm ein Schluck Schnaps aus dem Fläschchen im Rucksack – mehr war es nicht gewesen – und bei einem Wirt eine kleine Jause und zwei Seidel Bier so verwirrten? Er hatte auch kein Medikament zu sich genommen, außer einer Tablette zur Blutverdünnung am Morgen. Das Schmerzmittel war im Rucksack geblieben.

Übrigens, in dem Gasthaus unserer Einkehr fand ich auf der Toilette einen Zettel an die Tür geheftet, auf dem Folgendes stand:

Hausinschrift:
*Wenn wir Glück haben und älter werden und der Geist bleibt hell und wach,
manchmal auch dein Herz ein wenig lacht,
dann wissen wir, dass weder Gut noch Böse wiederkehrt –
die Jugendsünden sind längst verjährt.
Und jeder neue Tag, den du froh erlebst,
eine Gnade ist.*

Diese Hausinschrift habe ich wörtlich in mein altes Kalenderchen geschrieben, das schon mehrere Jahre bei den AV-Ausweisen und der stets mitgeführten Notfallapotheke im Rucksack lag. Leider kein Datum dazu vermerkt.

Dass eine langsam fortschreitende Krankheit für Jakobs Verhalten verantwortlich sein könnte, daran dachte in unserer Familie niemand. Ab und zu holte er den Ordner mit seinen Liedern, die er in jüngeren Jahren mit den Brüdern und Sangesfreunden gesungen und die er in der Anfangsphase seiner Pensionierung aufgeschrieben hatte; von jedem Lied gibt es wenigstens drei, manchmal vier und mehr Strophen, fein säuberlich zu Papier gebracht. Er blätterte ein wenig darin herum, und ohne ersichtlichen Grund legte er die Mappe wieder zurück.

Unsere Kinder drangen darauf, dass die Volkslieder, die teilweise noch aus der Großelternzeit stammen, gesammelt werden sollten. Damit die Melodie nicht verloren geht, hat Jakobs Bruder Hausa (Balthasar) die Sache in die Hand genommen. Dieser selbst war seit mehr als fünfzig Jahren Flügelhornbläser bei der Musikkapelle des Ortes und ein guter

Sänger. Er hat sich mit dem Jäger und Hobbymusiker Rudolf in Verbindung gesetzt.

Rudolf ist Berufsjäger und hat in einem unserer Tauern-Täler sein Arbeitsrevier. Eine nach einem Brand vollständig neu aufgebaute Jagdhütte ist sein Domizil. Er als begabter Handwerker hat die Hütte liebevoll und recht gemütlich eingerichtet. Wie es sich auch für einen Jäger gehört, spielt er die Zither, und er hat Freunde, die mit ihm musizieren. Ein weiteres Hobby von Rudolf ist das Kräutersammeln, daraus macht er allerhand Tinkturen, Kräutermischungen und Salben.

Den ersten Platz in seiner Freizeit nimmt sicher das Musizieren ein, so hat er sich in seinem Stübchen in der neuen Jagdhütte ein kleines Aufnahmestudio eingerichtet.

Weil Jakobs Bruder Hausa kein Freund der Mediziner ist, ging er beim Auftreten eines Bauchwehs oder ähnlicher Gebrechen lieber zu Rudolf als zum Doktor. Bei einer solchen Gelegenheit sind sie »ins Reden gekommen«, und Hausa vereinbarte gleich einen Zeitpunkt für die erste Probeaufnahme der Lieder, die er mit seinem Bruder zusammen oft gesungen hat. Eine CD ist fertig geworden, die zweite war in Arbeit und halb fertig. Und nun lag Hausa im Krankenhaus – Diagnose: Krebs. Es folgte das allseits bekannte Prozedere, ein Jahr danach ging es ihm wieder besser, die beiden Brüder vereinbarten einen neuerlichen Zeitpunkt mit Rudolf für eine Aufnahme und Fertigstellung der CD. Dieser Termin kam aus irgendwelchen Gründen nicht zustande, wurde also auf unbestimmte Zeit verschoben. Jakob konnte sich ohnehin nicht erinnern und behauptete, ein Termin wäre keiner ausgemacht worden. (»Papa! das weißt du doch noch?«)

Rudolf, der inzwischen im Ruhestand ist, lachte: »Wir Rentner haben doch alle Zeit der Welt, Jakob ist erst zweiundachtzig Jahre, Hausa achtzig und ich bald siebzig.«

Und das Ganze wurde wirklich auf unbestimmte Zeit verschoben. Hausa hat sich inzwischen von dieser Welt abgemeldet.

Eine Zeit danach hatte Jakob einen kleinen Schlaganfall und war wieder zehn Tage im Krankenhaus. Wieder daheim, erholte er sich körperlich gut. Die Veränderung in seinem Verhalten wurden immer merkwürdiger, ich grübelte oft darüber nach. Von der Knie-OP erholte sich Jakob gut, letztes Jahr im Herbst kam wieder ein Schlaganfall, der Hausarzt war sofort zur Stelle und schrieb wieder die Einweisung in das Krankenhaus. Diesmal ging es ihm nicht so gut, der Spitalsaufenthalt dauerte länger. Als er wieder daheim sein konnte, bekamen wir eine »Übergangs-Hilfe« zur Pflege, ein Angebot und Hilfestellung vom Krankenhaus. Dankbar nahmen wir das an, mein Mann akzeptierte die Krankenschwester sofort und glaubte, er sei noch im Spital. Bei dem Abschlussgespräch mit dem Arzt, bevor der Rettungswagen Jakob nach Hause brachte, realisierte ich es erst wirklich, dass die Veränderungen, die in ihm vorgingen, eine nicht heilbare Krankheit ist. Irgendwie habe ich alles auf das »nicht wollen« oder »sich gehen lassen« geschoben. (Das tut mir aufrichtig leid.)

Sein von Jugend auf geprägter Wesenszug, »laufen lassen, was einem nicht wirklich liegt«, ist meine im Zeitlauf festgestellte Begründung dafür. Dass dem nicht so war, musste ich nun zur Kenntnis nehmen und ich werde versuchen, damit umgehen zu lernen. Auch dann, wenn manchmal der hilflose Zorn in mir hochsteigt. Ich schäme mich nicht einmal dafür.

Vor einigen Tagen waren die Kinder aus Südtirol da, auf ihre Nachfrage: »Papa, wie geht es dir denn immer?« kam prompt die Antwort: »Mir ist es noch nie so gut gegangen wie jetzt.« Auch wenn mich jemand anspricht und nach Jakobs Befinden fragt, würden es nur wenige glauben, wenn ich seine geistige Abwesenheit, mit der auch die körperliche einhergeht, schildern würde. – Vor kurzem hat ihn die Tochter seines Bruders, der zu Weihnachten beerdigt wurde, auf dem Friedhof getroffen. Daheim hat er gesagt: »Eine junge blonde Frau hat mir das Gebäck gekauft und mich dann nach Hause gefahren, sie behauptet, sie wäre die Heidi.« Ich hoffe, es bringt ihn immer jemand nach Hause.

Die Tage zogen sich in die Länge und die Nächte wurden unruhig und endlos. Ich hätte mich hinlegen und laut losheulen können, wenn es denn etwas geändert hätte.

Einer der beiden Ärzte legte mir nahe, über ein Seniorenheim nachzudenken.

Die Beschwerden häuften sich, es war das zweite Mal, dass er aus dem Bett auf den Boden rutschte und nur mit größter Mühe wieder auf die Beine und zurück ins Bett kam. Also fasste ich mir ein Herz und ging auf die Gemeinde und sprach mit dem Verwalter des Seniorenheimes, um die notwendigen Informationen einzuholen.

Das war im Mai 2012 – 55 Ehejahre lagen hinter uns. Nach Abklärung der finanziellen Seite, nur im Groben überschlagen natürlich, erbat ich mir eine Bedenkzeit, um mit meinen Kindern zu reden. Die beiden Töchter waren auch der Meinung, dass eine Übersiedlung in das Seniorenheim der vernünftigste Weg für Papas Lebensabend sei, schweren Herzens und ehrlich bedauernd, dass es keiner möglich ist, den Beruf aufzugeben und mir bei der Pflege zu helfen. Um ganz ehrlich zu sein, wäre auch keine, mich eingeschlossen, in der Lage, die Pflege auf Dauer zu übernehmen.

Für Menschen, die das können, muss ihr Beruf schon fast Berufung sein, um die nötige Engelsgeduld und Entschlossenheit zu haben, die erforderlich ist für die Pflege. Diese Menschen kann ich nur bewundern und ihnen meinen größten Respekt zollen.

Eine Woche danach wurde mein Mann auf die Warteliste im Seniorenheim gesetzt. Im Dezember war dann ein Zimmer frei.

Nachdenken über die Lebenszeit und das unausbleibliche Ende darf ich nicht. Es ist real, und nur das zählt. Eines aber möchte ich meinen Nachkommen ganz fest ans Herz legen: Jeder und jede sollte schriftlich festhalten, was geschehen soll, wenn etwas eintritt, das zur Folge hat, dass er sich nicht mehr verständigen kann, was immer die Ursache ist, oder wenn einfach der Verstand es nicht mehr zulässt, Wünsche auszudrücken. Wenn über das Lebensende und mögliche Krankheiten nie ernstlich in der Familie gesprochen oder etwas schriftlich festgehalten wurde, müssen Angehörige – »andere« – Entscheidungen treffen. Das ist unendlich schwer. Ich weiß das jetzt aus Erfahrung ganz genau und bedauere, dass ich meinen Mann nie dazu bringen konnte, seinen Willen schriftlich festzuhalten, wenn – was Gott verhüten möge – ein solcher Fall eintritt.

Seniorenheim

Zwei Monate, nachdem Jakob in das Heim übersiedelt ist, bin ich halt auch 81 geworden – bei guter Gesundheit zwar, Sorgen mindern dennoch die Kraft.

Vor kurzem erst hat mich eine Frau darauf angeredet. Für sie war es unverständlich gewesen, dass Jakob in das Seniorenheim musste. Aber jetzt sagte sie fast wörtlich: »Seitdem der Maxl nicht mehr ist, ist es mit Jakob rapide abwärts gegangen.« Sie hat es auf dem Spazierweg bei einem Gespräch, das sie mit ihm führen wollte, gemerkt und war schockiert. Manchmal denk ich mir, dieses Los mit der Familie zu teilen wäre eigentlich genug, warum soll ich mich fremden Leuten gegenüber noch rechtfertigen für den Schritt, den Mann, mit dem ich mehr als fünfundfünfzig Jahre verheiratet bin, in das Heim zu bringen, damit er die für ihn notwendige Betreuung bekommt?

Schnell wie die Jahreszeiten ist unser Leben vergangen. Bald werden wir das Tor erreicht haben zu einer anderen Welt oder einem immerwährenden Amen. Ich gehöre zu den Glücklichen, weil ich daran glauben kann, dass es einen Gott gibt, ein sicherer Halt, auch wenn es dunkel wird und unsere Zeit bald um ist. Traurig darüber bin ich nicht.

Oft hat mir die Kraft gedroht, mich zu verlassen, manchmal verfalle ich in Trostlosigkeit und bin grenzenlos einsam. Ich habe Angst vor jedem Morgen. Es ist halt so gekommen, wie es sich keiner wünscht. Kopfschmerzen plagen mich, es ist, als würden Vogelschwärme in meinen Kopf einfallen. Medikamente helfen begrenzt, eine Infusionstherapie im Krankenhaus würde Erleichterung bringen, sagt mein Hausarzt: Dieser Rat kam mir auch noch gelegen, weil es mir erspart bleibt, dabei zu sein, wenn meine Tochter den Vater in das Seniorenheim bringt. Die Endgültigkeit ist so greifbar.

Inzwischen hat sich Jakob gut eingelebt. Es bedrückt mich dennoch. Je mehr ich darüber nachdenke, finde ich eine Menge Ursachen bei mir selber. Hätte ich nicht immer gehofft und geholfen und mich selbst in den Hintergrund gestellt und nicht nur zugelassen, sondern ganz bewusst gefördert, dass mein Mann immer vor mir die Treppe hinauf und nach mir die Treppe heruntersteigt.

Vieles hätte ich mir für Ehe und Gemeinsamkeit ganz anders vorgestellt und gewünscht. Einen Mann an meiner Seite, auch manchmal eine Schulter zum Anlehnen. Dass sich in dieser Hinsicht meine Lebensvorstellungen ganz gegenteilig entwickelt haben, wollte ich nicht wahrhaben und mir selber, auf keinen Fall aber meinen Familien noch sonst jemandem eingestehen. Und um solches durch Emanzipiertheit zu erreichen, war ich nie »Frau« genug. Wünsche durch Bitten erfüllt zu bekommen, lag mir schon gar nicht, meine stete Devise war: »Was ich alleine nicht schaffe, lass ich bleiben« – zu groß war die Bangigkeit vor der Begrenzung der eigenen Freiheit.

Freiheit im Denken ist kaum eingrenzbar, die Freiheit im Tun dagegen erstaunlich schnell.

Dass der Mann, den ich aus Liebe geheiratet habe, eigentlich eine Ersatz-Mutter, eine Beschützerin, gesucht hat – die er in mir vielleicht am Anfang als junge Hüttenwirtin und Hotelköchin gesehen hat –, während ich in ihm einen starken Mann suchte und sah, vor allem erhoffte beim Aufbau unserer Zukunft – in diesem Glauben hat mich sein Elternhaus, die Familie und Verwandtschaft auch bestärkt.

Wir waren uns viel zu fremd für eine Ehe. Eine gut dosierte Menge Egoismus wäre eventuell hilfreich gewesen, mich besser und realitätsbezogener zu informieren. Der gute Name war mir viel wert. ... Und Liebe hinterfragt nicht ... »Und weil ich niemand war, wollte ich jemand werden.«

Das Leben hat mich nie verwöhnt, und die im Laufe der Zeit erworbene Erfahrung darüber war die Bestätigung, dass die Kraft nur selten weniger ist, als es braucht, die Last der zugeteilten Ration – die zweifelsohne auf jeden zukommt – zu tragen.

Hans Lauber, ein Serbe, hat einmal gesagt: »Frauen wollen auch lenken und formen, dabei übersehen sie nicht selten, dass ein Partner, der sich lenken und formen lässt, den Widerpart, der für eine gute gemeinsame Lebenszeit notwendig wäre, einfach nicht mit in die Zweisamkeit bringt.«

Da hätte das »Helfersyndrom« rechtzeitig ausgeblendet werden müssen, oder? Schade, dass das Rad menschlicher Wege nicht rückwärts laufen kann und dann, mit der Erfahrung eines langen Lebens, von Neuem beginnend, wieder vorwärts. So wie das Gänseblümchen auf der Wiese alle Jahre aufs Neue blüht.

Aber wer würde sich das wohl allen Ernstes wirklich und wahrhaftig wünschen?

Zum Abschluss Opas tägliches Abendgebet von Kindheit an bis heute:

*Allmächtiger, ewiger Gott, ich danke dir für Gnaden und
Wohltaten,
die ich heute und in meinen ganzen Leben empfangen habe.
Besonders für das große Glück, ein katholischer Christ zu sein.
Mein Gott, dir zuliebe verrichte und opfere ich auf, all meine
Gedanken, Worte und Werke, zu deiner größten Ehre und Glorie
Wohltäter, lebende und verstorbene.
Jesus, Maria und Josef, segne uns jetzt und im Todeskampfe.
Heiliger Schutzengel, heiliger Namenspatron und alle Heiligen,
bittet für uns!*

Alles in allem

Am Morgen war ich daheim,
Im Vormittag in fremden Diensten.
Zu Mittag war ich glücklich,
Am Nachmittag sorgenvoll
Am Abend müde, bis es dunkel wurde –
Aber niemals hoffnungslos.

Epilog

Das hier, die ganzen aufgeschriebenen Erinnerungen, sind nur ein kläglicher Versuch, meinen alten Tagen noch ein wenig Sinn zu geben und meinen Nachkommen einen Einblick in eine vergangene Zeit, die so nie wiederkommen wird.

Aber wer aus der Generation, die heute am Werken ist, könnte sich wirklich einen Abend vorstellen in einer so einfachen Bauernstube mit allen Unzulänglichkeiten, in der wir nichts vermissten? Die Wärme und Geborgenheit spüren, die sie ausstrahlte? Diese Zeit so nachzufühlen, wie sie in meiner Erinnerung geblieben ist, wird nicht möglich sein.

Wenn man doch wenigstens all die Schrecklichkeiten, die heutzutage in Sekundenschnelle um die Welt geschickt werden, nur ein wenig verlangsamen könnte, könnte der Mensch vielleicht selbst verfolgen und begreifen, was ihm geschieht und was er anrichtet und in Wahrheit gar nicht will.

Solltet Ihr meine Zeilen lesen, wünsche ich mir, dass es gedanklich nach rückwärts, in eine wirklich andere Zeit, geschieht – und Ihr es nicht als meine wehleidige Träumerei abtut.

Es ist nur die Geschichte einer im Zeitgeschehen der Menschheit ganz und gar bedeutungslosen alten Frau.

Eure Sabina